世界人類の99.99%がまもなく覚醒!

カバール解体大作戦

How President Trump Saved The World

[監修]
副島隆彦
SOEJIMA Takahiko

[著]
西森マリー
Marie NISHIMORI

はじめに

１９１３年の連邦準備制度設立以降、アメリカ政財司法界の要人はカバールの手下と化し、ワン・ワールドを達成するための政策を進めてきました。

この実情を察知した愛国的な軍人が、ケネディ暗殺後、カバールを倒すための秘密部隊を結成し、カバールの悪事の証拠を集めてきました。２０１４年に勇士の１人、マイケル・ロジャーズ海軍提督がＮＳＡ長官に就任した後、勇士たちはドナルド・トランプに大統領選出馬を依頼し、カバール解体大作戦が本格的に開始されました。

この本は、トランプ大統領と米軍の勇士たちが、いかにしてカバールをおびき寄せ、罠にかけたかを、退役軍人の立場から説明したカバール解体作戦解説書です。推理小説の種明かしを読む感覚でお楽しみいただければ幸いです。

この本の記述の根拠となる出典、ビデオのＵＲＬは、秀和システムのホームページ https://www.shuwasystem.co.jp/ の本書のサイトのサポート欄に掲載してあります。

『カバール解体大作戦』◆目　次

はじめに……1
第１章　この本を楽しむための基礎知識……7
中世から現代まで社会の危機と惨事はカバールの仕業　8
始動！　大覚醒作戦Ｑ　12
第２章　カバールの実態を知らしめる警告コメント拡散運動……15
覚醒運動のパイオニア　16
ヒラリー・メール事件はカウンター・クーデターだった　20
共産主義を作り上げたカバール　23
３世代かけて共産主義をアメリカ社会に浸透させる　25
カバールの人類家畜化計画は〝陰謀論〟ではなく事実！　29
第３章　トランプ大統領は政権発足と共におとり作戦の準備をしていた！……33
米軍はアメリカ奪還作戦を合法的に始めることができる　34
軍部の実権はいまもトランプ派が掌握している　37

カバールの悪事をあぶり出すための罠　41
選挙で不正をやらせるための〝おとり作戦〟　44
トランプが宇宙軍を創設した本当の理由　48
選挙不正の証拠を押さえるための布石　52
外国と共謀しているアンティファやＢＬＭ　54
２０２０年大統領選挙前、最後の準備　59
国家反逆罪を確実に裁くために　64
連邦政府回復戦略　68
１月６日、ディープステイトによる議事堂侵入グラディオ　71
退役軍人たちに武装クーデターを起こさせない　75

第４章　トランプ大統領とホワイトハットが退役軍人へ送った合図……79

〝今起きていることはすべて芝居だ〟という合図　80
実権はトランプが握っている数々の証拠　82
バイデン就任式での編集されたお芝居映像　85
エアフォース・ワンに乗れないバイデン　98
バイデンが偽物であるこれだけの証拠　102
まだまだあるぞ、〝偽〟バイデンの証拠　115

第5章　中国の干渉……123
中国を使ってアメリカを弱体化させるカバール　124
〝超限戦〟とは何か　130
千人計画　132
アメリカ社会を崩壊させる超限戦術　134
第6章　恐喝、暗殺、人格殺害――世界支配を可能にしたカバールのお家芸……137
さまざまな恐喝　138
コントロールド・オポジション　141
人格殺害　143
ウィキペディアの正体　149
第7章　大覚醒を助けたバイデンの失態……155
不法移民対策で露呈した左派エリートの二枚舌　156
ＬＧＢＴＱ活動家やペドたちのすごい写真　158
ＦＴＸの破綻　162

想像を絶するむだ遣い 164
笑えるバイデンの失言集 165

第8章 カバールの破滅を招いたシンボルへのこだわり 171
数字の象徴 172
カバールが使うさまざまなシンボル 174

第Q章 今明かされるQの正体！ 189
マイケル・フリンが始めた情報戦争がQの始まり 190
トランプも認めるQの存在 194
Qのインテル・ドロップの絶大な効力 198
「未来が過去を証明する」 207
「正義が訪れる」 213

第10章 大覚醒 217
同じ台本を使い続けるカバール 218

２０２５年から新時代が始まる　221
「君たちは映画を見ている」　222
ケネディ夫人はＣＩＡ工作員だった　224
悪魔崇拝とペドフィリアを通常化するためのサイオプ　226
コロナ関連、人口削減、エリザベス女王、極左教育　229
ツイッター内部事情暴露ファイル　232
ヒラリーとオバマの悪事　234
「１人が行くところ、皆が一丸となって行く」　235
トゥルース・ソーシャルの影響力　238
真実が明かされる日は必ず来る　246

第11章　アメリカ人の心を掴んだトランプ大統領の名演説……251
２０１６年10月13日、トランプ演説　251
２０１７年1月20日、トランプ大統領就任演説　255

あとがき……260

特別対談　西森マリー×副島隆彦　トランプ復帰の可能性……263

第1章　この本を楽しむための基礎知識

How do you introduce evidence legally ?
How do you 'awaken' the 'induced coma' public [FAKE NEWS control] from their long sleep ?
Sometimes allowing your enemies to [openly] attack.....
Logical thinking.
Q

どうすれば証拠を合法的に提示できるか？

どうすれば［フェイクニューズにコントロールされ］昏睡状態に陥った民衆を長い眠りから目覚めさせることができるか？

時には敵に［公然と］攻撃させる……

論理的思考。

Q

この本を手に取った方の中には、カバール初心者もいらっしゃると思いますので、『ディープ・ステイトの真実』、『カバールの正体』、『ハリウッド映画の正体』、『フェイク・ニューズメディアの真っ赤な嘘』（以上、秀和システム）をまだ読んでいない方々のために、4冊で書いたことの要点を、お伝えしましょう。

Q 中世から現代まで社会の危機と惨事はカバールの仕業

少なくとも十字軍以降の世の中は、カバール（王族と、王族にカネを貸して、借金のかたに領地や貴族の称号を得たり、王族と結婚することで貴族の仲間入りをした銀行家）と、カバールの手下であるディープステイト（諜報機関、政治家、政府高官などで構成されるカバールの執行機関）に支配されていました。

アメリカの連邦準備銀行を筆頭に、ほとんどの国に存在する中央銀行はカバールが牛耳る私設銀行です。カバールは、勝手に印刷した無価値な紙幣を政府に貸し付け、利子を取り、借金を負わせ、借金のかたに資源を横取りし、国家と人々を借金奴隷にしてきました。

中世以降に起きた惨事や危機のほぼすべては、カバールが仕組んだものでした。戦争、経済危機、麻薬密売は金儲けの手段。革命やクーデターは傀儡《かいらい》政権樹立のため、銃乱射事件やテロは警察国家正当化のための偽旗《にせはた》工作。暴動、人種・階級闘争は分裂統治の道具。干ばつ、飢饉《ききん》、津波、地震なども、人口削減や言うことを聞かない政府を罰するために、カバールが気象兵器を使って起こした人災。パンデミックとワクチンは人口削減と中央銀行デジタル通貨（ＣＢＤ

C）導入のための口実でした。

アメリカが自由の国、というのは幻想にすぎず、合衆国大統領は建国以来ほぼ全員カバールの手下で、カバールに逆らった大統領は暗殺されました（レーガン大統領は暗殺未遂で済みましたが、その後、レーガン政権はディープステイトのブッシュ副大統領に乗っ取られました）。2000年の大統領選でフロリダ州の投票結果がもつれたのは、不正操作が簡単にできる電子投票機の導入を正当化するためのセットアップでした。政界のみならず、軍部、財界、司法界、医科学界、報道界、ビジネスの世界も、賄賂《わいろ》やハニートラップの罠にかかってカバールの言いなりになった人材のみが出世し、アメリカは完全にカバールの支配下に置かれていました。

ケネディ暗殺後、カバールからアメリカを奪還するために軍部の勇士が密かにディープステイトに潜入し、悪者たちの犯罪の証拠を集め始めました。カバールの手下を装う潜伏者たちは、正体が分かったら殺されるので、家族にも真実を告げず、誰にも知られないまま密かに情報を集め続けました。しかし、祖父、親、自分も軍人、という軍人一家の人々の間では、「ケネディ暗殺後、常時200人の将官や提督が、カバールからアメリカを奪還するために、密かに闘っている」と語り継がれてきました。

インターネットが通常化し、ディープステイトが恐喝の素材として保管していた犯罪の証拠がデジタル化された後、2014年に、200人の勇士の1人であるマイケル・ロジャーズ海軍提督がＮＳＡ長官に就任。あらゆる情報を収集・保管しているＮＳＡを配下に収めたロジャーズ提督は、カバールの悪事の証拠を掌握し、合法的に証拠を提示できる機会が訪れるのを待ちました。

その間に、愛国者の勇士たちは、カバールがオバマの後にヒラリーを大統領にして、アメリカで核爆発、世界でパンデミックを起こして、〝秩序を戻すため〟という口実で社会信用システムとＣＢＤＣを導入しようとしていることを知りました。彼らは、２０１２年に出馬を検討していたドナルド・トランプをリクルートし、選挙日に元海軍兵が激戦州の電子投票機のインターネット接続を妨害し、複数の州での不正を阻止して、ヒラリーの当選を阻止しました。この選挙でも、ホワイトハットがヒラリー側の不正の証拠を記録していたので、実際はトランプ大統領が圧勝したことがそのうち明かされるでしょう。

トランプ政権誕生後、勇士たちに犯罪の証拠を突きつけられた政治家やＣＥＯが次々に辞職し、カバールの資金源である人身売買を行う人間たちがアメリカ各地で逮捕されました。一方、トランプ大統領は、人種差別主義者、現代のヒットラー、など、あらゆる誹謗中傷を浴びせられながらも、アメリカ優先政策で生産業をアメリカに戻し、減税や規制緩和で労働者階級、中産階級が繁栄できる社会を築きました。同時に大手メディアがフェイクニュースを振りまくカバールのＰＲ機関であることを国民に教えました。

「ケネディ暗殺後、常時200人の将校や提督が、カバールからアメリカを奪還するために、密かに闘っている」と語り継がれてきた。その勇士の1人、マイケル・ロジャーズ（Michael Rogers, 1959-）は2014年4月、NSA（国家安全保障局）長官に就任。カバールの悪事の証拠の収集を始めた。

（https://www.wsj.com/articles/adm-michael-rogers-leading-candidate-to-be-trumps-director-of-national-intelligence-1479495306）

Q 始動！　大覚醒作戦Q

２０１８年には、国民に真実を知らせるための大覚醒作戦Qが開始され、Qが与えたインテルを元に、民衆がネット上に散在する情報を集め、つなぎ合わせて、ディープステイトが存在することを証明し、カバールの正体を明かす作業に専念しました。

カバールは、ロシア疑惑やウクライナ疑惑をでっち上げて、トランプ大統領を弾劾《だんがい》裁判にかけ、白人警官が黒人を殺したと見せかけるグラディオ（偽旗工作《にせはたこうさく》）で暴動を起こしました。さらに、ファウチが作ったコロナウイルスを振りまいて人々を家に閉じ込め、２０２０年の選挙では不正しやすい郵便投票で、これ見よがしの不正を堂々と実践しました。

この選挙はホワイトハットのおとり作戦で、トランプ側は不正の証拠を掴《つか》み、法廷で不正を暴こうとしましたが、多くの判事もディープステイトの仲間なので、ほとんどの裁判で敗訴しました。フェイクニューズも、ディープステイトの工作員が潜伏しているSNSも「不正があったというのは大嘘だ」と伝え、生まれたときから大手メディアに洗脳されている国民の大半がこれを鵜呑《うの》みにしました。

２０２１年１月６日には、ディープステイトの工作員が仕組んだ議事堂侵入を、大手メディアが「トランプが煽《あお》った謀反《むほん》」と報道。シープル（右へならえの羊人間）がこの大嘘を信じ、保守派議員の多くもバイデンの勝利を認め、バイデンが大統領になりました。

トランプ大統領はバイデンの勝利を認知しないままワシントンを去り、フロリダのマーラーゴ（別名、ウィンター・ホワイトハウス）で政界から身を引いた振りをして、大石内蔵助《くらのすけ》のように適切なタイミングの到来を待っていました。これも、バイデン政権に極悪非道な政策を実践させて、カバールが推す政策がもたらす弊害をアメリカ国民に身をもって体験させ、シープルの目を覚まさせるためのおとり作戦でした。

トランプ側は、初めから、バイデン政権の元で財政を破綻させて連邦準備銀行を潰し、ありえない悪法を通過させて社会を崩壊させるつもりでいました。そして、民主党と体制派の共和党の政治家が展開する政策に激怒した国民が、政治家や政府機関、大企業や銀行を訴えるのを待ちました。カバールの手下と化していない判事のもとで裁判が起きれば、証拠開示手続きの過程で、ホワイトハットの内部告発者たちがカバールの悪事の証拠を合法的に提示できるからです。

裁判で勝つためには、世論を味方につけることも大切です。判事も人間なので、世論に反する判決が必要と思われる訴訟は取り上げないことが多いからです。この裏事情を理解しているホワイトハットは、カバールのサイオプ（心理操作工作）に対抗するために、トランプ支持者のインフルエンサーたちを使って、真実拡散作戦を展開しました。民事法廷で真実が明かされれば、軍事法廷での裁きが受け容れやすくなり、世界各地でグラディオを展開したクリントン、オバマ、ブッシュ、バイデンが戦犯として処刑されても、8割方の民衆が納得するでしょう。

大覚醒の作業と平行して、トランプ大統領は、万が一の事態が生じて軍部への政権委譲が必要になった場合に備え、政権を委譲される部署の幹部にトランプ派の愛国者を配置しました。これは、愛国心に満ちた好戦的な退役軍人たちが、カバール倒しのクーデターを起こさないようにするためのポジティヴなサイオプとしても役立ちました。

第2章　カバールの実態を知らしめる警告コメント拡散運動

The truth is right in front of you.
Past playbook used today ?
Knowledge is power.
Q
真実はすぐ目の前にある。
過去の台本の使い回しか？
知識は力なり。
Q

60年以上にわたってカバールを倒すための作戦を練ってきたホワイトハットたちは、大手メディアの影響力がほとんどなくなるまでは、悪事の証拠を公にできません。どれほどの証拠を提示しようが、フェイクニュースに「偽情報だ！」と言われ、シープルがその大嘘を信じてしまうからです。そこでホワイトハットは、ＳＮＳで人気のある保守派インフルエンサー（影響力を持つ人）たちがシープルを起こしてくれるまで、表に出ることを避けて陰で地道な活動を続けました。

Q 覚醒運動のパイオニア

アメリカ人が大覚醒の最初の一歩を踏み出すために、最も大きく貢献したのは、FBIでトルコ語・アゼルバイジャン語・ペルシア語の通訳をしていたシベル・エドモンズでした。麻薬密売やテロに関する盗聴などに関わっていたシベルは、アメリカの政治家や判事が賄賂をもらっていること、CIAがアルカイダを援助していることを知り、内部告発者になりました。以下、シベルの告発の中で、最も重要なことを3つご紹介しましょう。

●大統領が任命した判事や政府機関の長官などの身元調査をFBIが行う理由は、恐喝の素材として使える悪事（ペドフィリアや収賄など）の証拠があった人間を排除するためではなく、恐喝可能な人間のみを出世させるため。こうして、ディープステイトは大昔から、政治家や判事を操っている。

●オサマ・ビン・ラディンはCIAの工作員で、アゼルバイジャンのバクーにあるアメリカ大使館でアイマン・ザワーヒリー、米軍関係者、米軍諜報機関の人間たちと頻繁に会っていた。

真実の拡散に与《あず》かって力があった インフルエンサーたち

キルスティン・W

ロバート・デイヴィッド・
スティール

ローラ・
アイゼンハワー

スコット・マッケイ

マイケル・フリン

シベル・エドモンズ

マイク・アダムズ

スティーヴ・
ピチェニック

デイヴィッド・
ニーノ・ロドリゲス

ビン・ラディンたちはNATOの飛行機で中央アジアやバルカン半島（ユーゴスラヴィア、コソヴォなど）に送り込まれて、米軍が仕組んだ治安崩し作戦を展開していた。
●ウォーターゲート事件の真相を暴いた、とされているボブ・ウッドワードは、CIAの工作員で、新聞記者のふりをして世論操作をしている。

軍人と退役軍人が目覚めるきっかけを与えたのは、スコット・マッケイでした。

スコットは、9・11の直後に陸軍に入隊してアフガニスタンで死亡した元NFLスター、パット・ティルマンに関する独自捜査を始め、「パットは9・11はブッシュ一味が仕組んだ偽旗工作だと知り、真相を告白しようとしたので、ブッシュに殺された」と発表し、思い当たる節があった軍人たちが続々と目覚めて行きました。

その後、2020年8月に、「ユダヤ人を装うハザール人のロスチャイルド一族を中心にしたハザール・マフィアが、世界中の政財界・司法界を買収、ブラックメイル（子どもとセックスをさせて証拠映像を保管）などの手段で手下にして、人類を奴隷にしている」と、報告。視聴者数が100万人を越えたオリジナルのビデオは消去されてしまいましたが、スコットの支持者たちがコピーしたビデオがビットシュートやランブルに掲載され、何千万人もの人を起こすきっかけになりました。

Qが偽情報ではなく、マイケル・フリンが指揮する真実拡散作戦であることを、最初に教えてくれたのは、元CIAアナリストで、自らも外国政府転覆のための偽旗工作を指揮していたロバート・デイヴィッド・スティールでした（詳細は第Q章参照）。彼は、サンディフック小学校乱射事件やボストン・マラソン爆弾テロなどがクライシス・アクターを使った偽旗工作である数々の証拠を提示し、カバール（ヨーロッパの王族、ロスチャイルド、ヴァチカンの一部）が悪魔崇拝儀式（子どもとのセックス、アドレノクローム接種、赤ん坊を生贄《いけにえ》にする）を行っている、と知らせました。さらに、CIAが1989年にモスクワでロック・フェスティヴァルを開き、西側の文化を浸透させてソ連を内側から潰し、ソ連崩壊後は売春婦を送り込んでロシア社会を頽廃《たいはい》させた史実も教えてくれました（残念ながらロバートは殺され、オリジナルのビデオは削除されました）。

ボクシングの元ヘヴィー級チャンピオンのデイヴィッド・ニーノ・ロドリゲスや、化学物質を使う製薬会社を糾弾するマイク・アダムス、1990年代にハリウッド映画に出ていたキルスティン・W（父親はシンガポール証券取引所会長でカバールの一員だった）、ローラ・アイゼンハワー（アイゼンハワー大統領のひ孫）なども、真実を伝え続けました（キルスティンはロバート同様、コロナに感染して病院で人工呼吸器にくくりつけられて殺されました）。彼らが、内部告発者や真実を告げた要人たちの名言を拡散して、アメリカで今、何が起きているのかを知らせたおかげで、２０２３年1月現在、アメリカ人の半数が現状を理解し、マジョリティがカバールの存在に気づいています。

Q ヒラリー・メール事件はカウンター・クーデターだった

最も頻繁に引用されたのは、元ＣＩＡアナリストで、トム・クランシーの小説の主人公、ジャック・ライアンのモデルになったドクター・スティーヴ・ピチェニックのコメントでした。ドクター・ピチェニックは、16歳でコーネル大学に入学し、医学部予科と心理学の学士号を取得した後、コーネル大学医学部で医学博士号を取得。さらにハーヴァード大学医学部在学中にＭＩＴで国際関係論の博士号も取得した天才です。

以下、２０１６年11月2日に発信され、２０１７年1月17日（17はＱの数字）に再発信されたドクター・ピチェニックの重大なアナウンスメントです。（　）の中は、私の解説です。

「２０１６年11月1日、ヒラリー・クリントンとビル・クリントンとその側近たちが、民事クーデターを起こしました。軍が関与してホワイトハウスや通信センターを占拠する、というような、映画で見る通常のクーデターの概念とは対照的に、このクーデターは、汚職と共謀という2つの方法によって静かに、非常に効果的に行われました。クリントン一家は長期にわたり、ホワイトハウス、司法、ＣＩＡ、ＦＢＩ、ロレッタ・リンチ司法長官、ジェームズ・コーミーＦＢＩ長官と共謀してきました。クリントン一家は、政治的縁故主義でつながった集団の中に彼らを組み込んだのです（利害関係が一致して、互いに悪事の証拠を握り合っているので、グループから抜けられないようにした）。しかし、このクーデターを阻止するために、我々情報機関の人間たちや、その他の関係者が非公式に協力することになりました。私は彼らの許可を得たので、ジュリアン・アサンジとウィキリークスを通じてカウンター・クーデター（悪者たちのクーデターに対抗するためのクーデター）を開始したことを発表します。

　事実上、（ウィキリークスでヒラリーのメールが暴露されたせいで）コーミーはヒラリー・クリントンの調査を開始せざるを得なくなり、アンソニー・ウィーナーの裁判に関わるメールの話題も避けられなくなりました。しかし、重要なのは、メールに関する事件そのものではなく、これでカウンター・クーデター関係者がオバマ政権に〝我々はおまえたちが何をしているか知っているぞ〟と通告できた、ということです。〝我々はおまえたちの実態を掌握したので、おまえたちがヒラリーを大統領にすることを阻止し、同時に合衆国大統領（オバマ）やロレッタ・リンチを筆頭に、クリントン財団の下で起こった大規模な汚職の隠蔽《いんぺい》に関わった多くの人々を有罪にして起訴する〟と。彼らのクーデターも、我々のカウンター・クーデターも、ひっそりとインターネット上で起こりました。クーデターとカウンター・クーデターがインターネットを通じて起こされたのは、おそらくどの国の歴史上でも初めてのことでしょう。私は、一個人よりははるかに大きな動きの中で、ほんの小さな役割を果たしているにすぎません。FBI、CIAの勇士、情報長官、軍情報部、その他15の情報機関に所属する勇敢な男女が、ホワイトハウス、司法省、情報システムの腐敗にうんざりして、共和国を救うために何かしなければならない、と決心したのです。そして我々は、ジュリアン・アサンジを通じてカウンター・クーデターを開始しました。我々は、ヒラリーとビル・クリントンを貶《おとし》めるために必要なEメールを彼に提供し、非常に勇敢なジュリアンがすばらしい能力を発揮してEメールを公開しました。アメリカは今、大きな転換期を迎えています。率直に言って、第2次アメリカ革命が起きているのです。私たちは銃も武器も持たず、誰も殺すつもりもなければ、傷つけるつもりもありません。しかし、我々アメリカ国民と、退役軍人や私のような諜報機関で働く者たちは、権力の座につく資格がないクリントン一家が権力を手にすることを阻止します。同時に、オバマが恩赦や反逆行為を行うことを阻止して、オバマを退場させるつもりです。事実上、私たちはこの偉大なるアメリカ共和国の平和的な移行を望んでいます。私がこうして報告をしているのは、何が起こったかをみなさんに理解していただきたいからです。歴史的瞬間が今、目の前で起こっているのです。私はそれを説明することを誇りに思っています」

これで、クリントンとオバマが政治家、情報機関、司法機関と共謀していたこと、勇士がヒラリー当選を阻止したことも分かりました。同時に、少なくとも2016年11月から、ネット上でカバール潰しのためのカウンター・クーデターが進行していることも分かりました。

Q 共産主義を作り上げたカバール

アイゼンハワー大統領の、「巨大な軍事組織と大規模な兵器産業との結合は、今までアメリカが経験したことがない現象です。軍産複合体による不当な影響力の取得を防がなければなりません」という一言も、よく引用されていました。

ジョン・バーチ協会（保守派政治団体）の創設者、ロバート・ウェルチが1958年に行ったスピーチも、一般人開眼作戦に大いに役立ちました。ここでは、ポッドキャスターたちがよく引用した部分をかいつまんでご紹介しましょう。

「アメリカ制覇のために共産主義者が用いる手段は3つ考えられます。1つは、チェコで行ったような平和的クーデター、2つめは国民同士を戦わせて内戦を起こすことです。3つめは、密かに影響力を広め、徐々に、しかし着実に潜入のスピードを増して最上部まで浸透し、アメリカ市民が気づいたときはもう手遅れで、何の抵抗もできない状態にする、という手段です。今、まさにこのプロセスが進行しています。

彼らの計画には、アメリカの主権を徐々に放棄させ、国連などの国際機関に委譲すること、アメリカ経済の社会主義化も含まれています。

私たちが面している危険の源は国内の共産主義者の影響下にある政府であるにもかかわらず、アメリカ国民は、〝ロシアの軍事的優位が脅威だ〟と、思い込まされています。そして、共産主義との戦いという名目で、私たちは社会主義、ひいては共産主義陣営に飛び込むことを余儀なくさせられています。アメリカ経済を共産化する彼らの計画は、

1　考えうるあらゆる手段で、これまで以上に巨額のアメリカ資金を、可能な限り浪費する。
2　増税、さらに大幅な増税。
3　増税を止めずに、さらなる出費。
4　アメリカの通貨の激しいインフレ。
5　インフレ対策という口実を使い、政府が物価、賃金、物資をコントロール。
6　経済活動、日常生活のあらゆる側面の社会主義化。これに伴う、官僚機構の肥大化、政府運営費と政府の権限の増加。
7　ワシントンへの権力集中がさらに進み、州の自治権消滅。
8　教育制度に対する連邦政府の援助と支配が増強し、公教育を連邦政府が掌握。
9　共産主義が目指す平和の美徳の洗脳教育。

10　その結果、アメリカ国民は自国政府の政策を受け容れ、自由世界は次々と降伏する。」

ウェルチのスピーチを聞いた人々は、「増税、インフレ、果てしない浪費（ウクライナに100億ドルの援助金）、連邦政府によるCRTやトランスジェンダー肯定教育の押しつけ――これはまさしく今のアメリカそのものだ！」と感じました。さらに、ロバート・デイヴィッド・スティールが、「実際は、裏で糸を引いているのはカバールだ。そもそも共産主義は、世界を二分するためにカバールが作り上げた（レーニンを支援したのはロスチャイルド、トロツキーを支援したのはしたジェイコブ・シフやロックフェラー、J・P・モルガン）」と、教えたことで、視聴者の多くが真の歴史に目覚めました。

Q 3世代かけて共産主義をアメリカ社会に浸透させる

1961年にケネディ大統領が新聞社協会の会合で行った演説は、ソ連を批判したものでしたが、トランプ政権誕生以降は、カバールが使う姑息《こそく》な手段を糾弾した名言としてさかんに引用されました。以下、要点の翻訳です。

「我々は、主に裏工作によって影響力を拡大している、巨大で冷酷な陰謀と戦っています。彼らは、インヴェイジョン（侵略）の代わりにインフィルトレイション（潜入、侵入、浸透）、選挙の代わりに政権転覆、自由な選択の代わりに脅迫、昼の軍隊の代わりに夜のゲリラ、という手段に頼っています。彼らの組織は、膨大な人的、物的資源を投入して築かれたもので、軍事、外交、情報、経済、科学、政治が統合された、効率的に機能する精密機器です。その準備は隠蔽され、公表されず、間違いは埋葬され、報道されず、反対者は沈黙させられ、賞賛されることはありません。どんな支出も疑問視されず、噂は報道されず、秘密が明かされることもありません」

1970年にアメリカに亡命し、後にカナダ国籍を取得した元KGB工作員、ユーリー・ベズメノフのレクチャーも、頻繁に引用されました。1980年代半ばに行われたレクチャーの重要な部分を訳しましたので、じっくりお読みください。

「KGBの活動の大半は、世論形成に貢献できる個人、出版社、編集者、ジャーナリスト、俳優、教育者、政治学教授、国会議員、財界の代表者に関する膨大な量の情報を収集することでした。彼らの中でソ連の政策に従う人々は、メディアや世論操作によって権力の座に押し上げられ、協力を拒む者は、人格殺害で地位を追われるか、実際に処刑されました。

KGBの活動の15パーセントは諜報活動、85パーセントはイデオロギーを砕くための心理戦です。すべてのアメリカ人の現実に対する認識を変えて、どれほど情報があっても、自分自身や家族、地域社会、そして国を守るために何をすべきか判断できない状態にする、という心理作戦です。これは優れた洗脳プロセスです。非常にゆっくりと進み、4つの基本的な段階に分けられます。

第1段階は、士気阻喪《そそう》です。1つの国を士気喪失させるには15年から20年かかります。1つの世代の学生を敵のイデオロギーにさらして洗脳するのに必要な最低年数が15年から20年なのです。アメリカの学校では、アメリカニズムやアメリカの愛国心といった基本的な価値観を教えずに、少なくとも3世代のアメリカの学生の柔らかい頭の中に、マルクス・レーニン主義のイデオロギーが注入されています。

その結果、今のアメリカでは、60年代に卒業した人、落ちこぼれや中途半端な知識人が、政府、企業、マスメディア、教育分野で権力の座についています。洗脳された彼らを排除することはできません。彼らは、特定の刺激に対して一定のパターンで考え、反応するようにプログラムされています。本物の情報に触れたとしても、彼らの考えを変えることはできません。たとえ、白は白、黒は黒と証明したとしても、洗脳は解除できません。このような人々を社会から排除するには、あと20年か15年、アメリカ社会のために行動する常識的で愛国心のある新しい世代を教育する必要があります。

次の段階は不安定化です。これは2年から5年で達成できます。経済、外交、防衛のような敏感な分野を不安定にするのです。アメリカではマルクス・レーニン主義の思想が実にうまく浸透しました。14年前に私が初めて北米に来たときには、このプロセスがこれほど速く進むとは思ってもみませんでした。

その次は危機です。たった6週間で国が危機に瀕することもあります。危機の後、権力構造、経済が激しく変化し、その後は通常化です。通常化とは、ソ連のプロパガンダから借用した皮肉な表現です。１９６８年にソ連の戦車がチェコスロバキアに進駐したとき、ブレジネフが「これでチェコスロバキアは通常化した」と言ったことに由来します。あなたがたがバカな連中に従って、経済を不安定にし、自由市場競争の原理を排除し、すべてを管理・監視する政府が誕生したら、危機が通常化されるのです。

アメリカは、合衆国の基盤となる信条と戦っている最中です。世界共産主義体制、世界共産主義者の陰謀で、この戦争が起きているのです。アメリカは、早く目を覚まさないと、もうあとがありません。時限爆弾は時を刻んでいます。刻一刻と惨事が近づいているのです。私はアメリカに亡命できましたが、アメリカが倒れたら、もう亡命先がなくなります。アメリカは自由と可能性のある最後の国なのですから」

ソ連（カバールが作った共産主義国家）がアメリカ社会に潜入して内側からアメリカを潰し、ＣＩＡ（カバールの執行機関）がロック・ミュージックと売春婦で内側からロシア社会を壊滅

させる —— これぞまさにカバールのお家芸、インフィルトレイションによる国家破壊作戦です。

左翼が牛耳る教育現場でＣＲＴが強要され、ＢＬＭやアンティファの暴行が容認される理由を雄弁に解説したこの警告のおかげで、中道派の多くも大覚醒への旅の一歩を踏み出しました（ＣＲＴ、クリティカル・レイス・セオリーは、白人は差別主義者だとする仮説。詳細は『フェイク・ニューズメディアの真っ赤な嘘』参照）。

Q カバールの人類家畜化計画は〝陰謀論〟ではなく事実！

２００７年に大統領選に出馬して、民主党予備選半ばで脱落した後、ヒラリー支持に回ったウェスリー・クラークの発言も、頻繁に引用されました。ＮＡＴＯの欧州連合軍最高司令官としてコソヴォ空爆を指揮したクラークが２００７年に行ったレクチャーの一部をご紹介しましょう。

「9・11の10日後、ペンタゴンで統合参謀本部の将校に、〝イラクを攻撃することになっています〟と知らされました。（中略）この後、米軍はアフガニスタンを攻撃しました。６週間後、ペンタゴンの人間に〝まだイラクを攻撃する予定か？〟と尋ねると、彼は、こう答えました。

〝国防長官室から送られたばかりのこのメモに、〈5年間で7カ国の政府を攻撃し破壊する。イラクから始めてシリア、レバノン、リビア、ソマリア、スーダン、イランと続く〉と書いてあります〟

メモ通りのことが起きた後、1991年に、当時まだ政策担当国防次官だったポール・ウルフォウィッツに会った時の会話を思い出しました。ちょうど、アメリカが仕組んだシーア派の暴動が起きた直後のことで。彼は、こう言っていたのです。〝砂漠の風作戦（湾岸戦争）はサダムを殺せなかったので成功とは言えないが、アメリカが中東で軍を使っても、ソビエトは我々を止められない、ということが分かった。新しい大国が台頭する前に、あと5～10年で、シリア、イラン、イラクなどの旧ソ連の下にあった政権を一掃できるだろう〟

私はこの言葉を聞いて衝撃を受けました。米軍の目的は〝戦争を始めること〟と〝政権を交代させること〟であって、紛争を抑止することではないのです」

ウェスリー・クラークはカバールの手下ですが、中道派の人々の間でも信頼されていたので、彼の言葉は中道派を目覚めさせるために役立ちました。

ポッドキャスターたちは、世界経済フォーラムのブレインで、「人間はハッキング可能な動物です」と断言しているユヴァル・ノア・ハラリの恐るべきコメントも頻繁に引用していました。彼のコメントは、『フェイク・ニューズメディアの真っ赤な嘘』でイヤというほどご紹介したので、ここでは2つだけおさらいしておきましょう。

スターリンやヒットラーができなかったこと（完全なマインド・コントロール）が数十年後に可能になります。

銀行でお金を借りる場合も、AIがアルゴリズムで返済能力などを割り出して、借りられるかどうかを決めることになるでしょう。

ハラリのコメントを聞いた人々は、「カバールが人類をマインド・コントロールで操り、CBDCと中国型社会信用システムを導入して人類家畜化を計っている！」というのは、陰謀論ではなくて事実だ！、と悟りました。

こうして、ポッドキャスターたちのおかげで真実が徐々に広まり、トランプ大統領の公式な復帰を迎え入れる土壌が築かれていきました。

第3章　トランプ大統領は政権発足と共におとり作戦の準備をしていた！

You are watching a 'plan' being set in motion. Q

君たちは〝プラン〟が実行に移されている過程を見ている。Q

トランプ大統領と米軍の勇士たちは、トランプ政権が発足したその日からおとり作戦の準備を始めていました。

まず、トランプ大統領は、ことある度に「アメリカ人は政府ではなく神を崇拝する！」と繰り返して、独立宣言の重要性を力説しました。独立宣言には、こう記されています。

「われわれは、以下の事実を自明のことと信じる。すべての人間は生まれながらにして平等であり、その創造主によって、生命、自由、および幸福の追求を含む不可侵の権利を与えられている。こうした権利を確保するために、人々の間に政府が樹立され、政府は統治される者の合意に基づいて正当な権力を得る。そして、いかなる形態の政府であれ、政府がこれらの目的に反するようになったときには、人民には政府を改造または廃止し、新たな政府を樹立し、人民の安全と幸福をもたらす可能性が最も高いと思われる原理をその基盤とし、人民の安全と幸福をもたらす可能性が最も高いと思われる形の権力を組織する権利がある」

トランプ大統領が神（創造主）と独立宣言の重要性を何度も語ったおかげで、愛国心を持つ人々は「アメリカ人は、人民の意図を無視する政府を倒す権利を持っている！」と、自覚しました。

Q 米軍はアメリカ奪還作戦を合法的に始めることができる

次に、軍隊がなんらかの形でカバール打倒作戦に関与することの正当性を国民に知らせるために、スコット・マッケイ、デイヴィッド・ニーノ・ロドリゲス、マイク・アダムス、モンキー・ワークス（4人ともテキサス在住）などの人気ポッドキャスターたちが、軍隊の意義を視聴者に伝えました。

彼らは、民間人に、「軍人は入隊時に、〝国外、及び国内の敵から合衆国憲法を守る〟と誓っている」と知らせ、軍人と州兵が、あらゆる種類の攻撃から合衆国憲法を守る義務を負っていることを教えました。同時に、軍人や州兵に「この誓いを忘れるな！」と呼びかけました。

そして、彼らは、ほとんど毎日ポッドキャストを行って、戦時や緊急事態発生時の大統領の権限や、軍隊の役割を、視聴者に詳しく教えてくれました。

以下、通算2万時間を越える彼らのポッドキャストから、視聴者が学んだことの要約です。

核や生物兵器による攻撃、あるいは隕石が地球を直撃する、などの緊急事態が発生して政府が機能できなくなった場合に備えて、大統領が大統領緊急行動文書を用意している。

大統領緊急行動文書（Presidential Emergency Action Documents、通称ピーズ PEADs）は、緊急事態に大統領が権限を行使、拡大することを許す文書の最終草案で、緊急事態が発生した時点で大統領が署名する。アイゼンハワー政権時代に、冷戦と核戦争の脅威に備え、政府継続計画の一環として作られた。

大統領緊急行動文書は、機密事項なので発表されることがないため、実在しないと思われている。しかし、レーガン政権時代の1987年、イラン・コントラの公聴会で、オリヴァー・ノース大佐が核戦争を想定した大統領緊急行動文書の制作に関わっていたことが分かり、PEADs が実在することが明らかになった。

レーガン大統領は大統領緊急行動文書に署名しなかったが、もし署名していたとしても、米軍が実際に動き出すまでは誰も真相に気づかなかっただろう。

2015年6月12日（トランプ出馬宣言の4日前）に国防省が発表した戦時法の第11章3条には、「アメリカが敵に占領された場合、占領開始の1年後に、軍隊は合法的に（憲法や国際法で戦犯として罰を受けることなしに）国家奪還の作業を始めることができる」。

Qのインテル・ドロップ26に、「論理的に考えろ。唯一の策は軍隊だ。完全に統制されている。11・3が最初の里程標」と書かれている。中国の生物兵器（コロナウイルス）、外国の選挙干渉の助けを借りて、選挙を盗んだバイデンはカバールの傀儡《かいらい》政権だ。バイデンの就任式から1年後の2022年1月20日に、軍隊がアメリカ奪還作戦を合法的に始めることができる。しかし、司令官たちは内戦は望まないので、国民の8割以上が目覚めるまでは表だった行動は取らないので、すでに目覚めた視聴者は、周囲の人間を起こす作業に力を入れなくてはならない。

2000年2月、戦争権限法を巡る裁判で、左記の判決が下された。

「外国が合衆国に対して宣戦布告した場合は、大統領は戦争を開始するのではなく、議会の承認を待たずに、その挑戦（外国からの宣戦布告）に対応する義務がある。大統領は外国の侵略を撃退するために必要な措置をとる義務がある。大統領は単独で、危機がどの程度の兵力を必要とするか決定しなければならない」

1996年に制定された反テロリズムと死刑執行法には、こう記されている。

「大統領は、海外テロリストの訓練場や隠れ家を含む国際テロリストの国際インフラストラクチャーを妨害、破壊、解体するために、秘密作戦や軍事行動を含むあらゆる必要な手段を講じなくてはならない」

この2例からも分かるとおり、アメリカの大統領は、テロや戦争から国を守るために巨大な権限を有している。

Q 軍部の実権はいまもトランプ派が掌握している

実際に国を守る戦闘部隊Combatant Commands（COCOMs）は、地域別の7部隊、機能別の4部隊、合計11部隊で、それを総合した統合軍司令部は米軍の最高レベルの司令部である。各部隊の司令官は、国防長官が推薦した4つ星の将官を大統領が任命し、上院が承認する。

以下、司令官の名前と就任日。

地域別：

アメリカ北方軍（北米担当）：グレン・ヴァンハーク、2020年8月20日

アメリカ中央軍（中東担当）：ケネス・マッケンジー・ジュニア、2019年3月28日

アメリカアフリカ軍（アフリカ担当）：スティーヴン・タウンゼント、2019年7月26日

アメリカ南方軍（中南米担当）
クレイグ・フォーラー
（Craig Stephen Faller, 1961-）
就任日 2018 年 11 月 26 日

アメリカ宇宙軍（宇宙、サテライト担当）
ジェイムズ・ディキンソン
（James H. Dickinson, 1962-）
就任日 2020 年 8 月 20 日

【機能別】

アメリカ特殊作戦軍（特殊部隊）
リチャード・クラーク
（Richard D. Clarke Jr., 1962-）
就任日 2019 年 3 月 29 日

アメリカ戦略軍（核兵器担当）
チャールズ・リチャード
（Charles Anthony "Chas" Richard, 1959-）
就任日 2019 年 11 月 18 日

アメリカ輸送軍（戦略輸送担当）
スティーヴン・ライオンズ
（Stephen R. Lyons）
就任日 2018 年 8 月 24 日

アメリカサイバー軍（サイバー戦担当）
ポール・ナカソネ
（Paul Miki Nakasone, 1963-）
就任日 2018 年 5 月 4 日

米軍統合軍司令部の部隊と司令官

【地域別】

アメリカ北方軍（北米担当）
グレン・ヴァンハーク
（Glen David VanHerck, 1962- ）
就任日 2020 年 8 月 20 日

アメリカ中央軍（中東担当）
ケネス・マッケンジー・ジュニア
（Kenneth Franklin McKenzie Jr., 1956- ）
就任日 2019 年 3 月 28 日

アメリカアフリカ軍（アフリカ担当）
スティーヴン・タウンゼント
（Stephen J. Townsend, 1959- ）
就任日 2019 年 7 月 26 日

アメリカ欧州軍（欧州担当）
トッド・ウォルターズ
（Tod Daniel Wolters, 1960- ）
就任日 2019 年 5 月 3 日

アメリカインド太平洋軍（アジア、太平洋、インド洋担当）
ジョン・アキリノ
（John Christopher Aquilino, 1961- ）
就任日 2021 年 4 月 30 日

アメリカ欧州軍（欧州担当）：トッド・ウォルターズ、2019年5月3日
アメリカインド太平洋軍（アジア、太平洋、インド洋担当）：ジョン・アキリノ、2021年4月30日
アメリカ南方軍（中南米担当）：クレイグ・フォーラー、2018年11月26日
アメリカ宇宙軍（宇宙、サテライト担当）：ジェイムズ・ディキンソン、2020年8月20日

機能別：
アメリカ特殊作戦軍（特殊部隊）：リチャード・クラーク、2019年3月29日
アメリカ戦略軍（核兵器担当）：チャールズ・リチャード、2019年11月18日
アメリカ輸送軍（戦略輸送担当）：スティーヴン・ライオンズ、2018年8月24日
アメリカサイバー軍（サイバー戦担当）：ポール・ナカソネ、2018年5月4日

11人の司令官のうち10人は、トランプ政権時代にトランプ大統領が任命した軍人、つまりトランプ派の愛国者だ。バイデンが任命したのはインド太平洋軍のアキリノのみだが、アキリノは2021年6月4日にマイケル・フリンの弟、チャールズ・フリン陸軍大将を、中国、ロシア、北朝鮮、日本、オーストラリアを管轄下に置く太平洋軍の司令官に就任させている。

アキリノは就任式で、太平洋軍の重要性を強調し、「太平洋軍は、殺傷力の高い統合軍設立のために欠かせない」と発言。マコンヴィル陸軍参謀総長も、「フリン大将は実績のあるリー

ダーで、この地域の重要性を把握している」と、フリンを絶賛している。

バイデンが本物の大統領だったら、トランプ支持者のマイケル・フリンの弟を最も重要な太平洋軍の司令官にすることを許可するはずがない！　右記の司令官、及び、マイケル・フリンの配属は、バイデン政権誕生後も軍部の実権はトランプ派が掌握している証拠だ。

Ｑ　カバールの悪事をあぶり出すための罠

トランプ大統領の就任式の3日前、２０１７年1月17日（Qの数字が2つ入っている）に、DHS合衆国国土安全保障省が連邦継続指令1号を発出した。

この指令は、緊急事態が起きて、大統領や大統領継承者たちが機能できなくなった場合に、あらかじめ定められた権力継承（権限委譲）計画に従って権限を委ねられた人々の義務が明示されている。主な義務は、「合衆国憲法を守る」、「外国と良好な関係を保つ」、「迅速な復旧を目指し効果的措置を執る」、「国外、及び国内のあらゆる敵から合衆国を守る」と記されている。

次に、トランプ大統領がしかけた数々の罠の中で最も重要なものをおさらいしておきましょう。

まず、トランプ大統領は〝フェイクニューズ〟という言葉を定着させて、大手メディアの報道が大嘘だ、という真実を教えました。

ＴＰＰをやめ、ＮＡＦＴＡを批判し、経済面でも軍事面でも中国が脅威だと教え、中国のスパイ行為を取り締まり、コロナウイルスをチャイナ・ウイルスと呼び、ことある度に中国のアメリカ侵略行為を批判しました。これは、後に〝アメリカの選挙に中国が干渉して不正を行った〟ことが露呈されたときに、国民が中国の悪事を把握しやすくするための根回しでした。

２０１７年2月9日、密輸と国際的人身売買を国家安全保障に対する脅威と見なして厳しく取り締まることを目的とした大統領令を発布。２０２０年1月31日には、インターネット上の子どもの人身売買やチャイルドポルノの取り締まり強化を目的とした大統領令を発布しました。これは、人身売買で資金と恐喝素材を調達しているカバールの悪者たちを厳しく罰するための布石でした。

２０１７年3月31日、トランプ大統領、反ダンピング・相殺関税および貿易・関税法違反の徴収・執行の強化の確立に関する大統領令を発布。これは、中国の経済侵略を防止すればアメリカ経済が繁栄することを、国民に肌で体験させるための方策でした。

２０１７年7月12日、左記の事項を含む合衆国軍のドクトリンが発布されました。

●合衆国軍は比類のない重要な役割を果たして合衆国をあらゆる敵から守り、国家の安全と独立を保障する防波堤として機能している。
●合衆国軍はアメリカ社会の最高の価値観と基準を体現している。
●通常の戦争と異なる不正規戦では、力の劣る敵が、より強力な国の軍事能力や優位性を妨害し、無効にするための活動を行う。
●国防省は、海外、及び国内のすべての敵から合衆国憲法を防衛し、合衆国の領土を確保し、国益と国策を支持・推進するために、軍隊を維持、使用する。

これは、国防の重要性を再確認させる素材として役立ちました。

2017年10月6日、トランプ大統領、ホワイトハウスに軍人と彼らの配偶者を招待。記念写真撮影の際に、「これは嵐の前の静けさかな」と、謎めいたコメントを発しました。この12日後、10月28日にQのインテル・ドロップが始まった後、目覚めた人々は「これは、軍部の勇士たちがカバール解体作戦を展開する、という合図だったに違いない！」と、察知しました。

2017年12月21日、トランプ大統領は、重大な人権侵害や汚職に関与した人物の財産封鎖に関する大統領令を発布。この大統領令で、「世界中で深刻な人権侵害と腐敗が、合衆国の国家安全保障、外交政策、経済に対する異常なまでの脅威であると判断し、その脅威に対処するために国家緊急事態を宣言する」と告げました。そして、深刻な人権侵害（人身売買、臓器密売など）を行った犯罪者のすべての財産および利益をブロックし、譲渡、支払い、輸出、引き出し、またはその他の取引を行うことを禁じました。

これはセックス奴隷などで儲けているカバールの資金源を絶つための政策でした。

Q 選挙で不正をやらせるための〝おとり作戦〟

２０１８年1月22日、トランプ政権、外国製のソーラー・パネルと洗濯機に30パーセントの関税を課し、この後、外国製の鋼鉄やアルミニウムにも次々と関税を課し、４月３日には、「５００億ドル相当の中国製品に25パーセントの関税をかける」と発表しました。

２０１８年４月４日、中国が、「５００億ドル相当のアメリカ製品に関税を課す」と発表し、大手メディアが「米中貿易戦争が正式に始まった」と、トランプを批判。これに対して、トランプ大統領は、こうコメントしています。「我々（トランプ政権）は中国と貿易戦争をしているわけじゃない。その戦争には何年も前に、愚かで無能なアメリカの代表者のせいで、アメリカはすでに負けた。現在、我々は年間５０００億ドルの貿易赤字を抱え、さらに３０００億ドルの知的財産権の盗難に遭っている。この状況を続けるわけにはいかない」。この言葉の行間から、「これは単なる経済的な損得という通常の貿易戦争などではなく、合衆国の安全保障に関わる深刻な問題だ」、という真意を読み取ることができます。

2018年4月10日、統合参謀本部が発表した統合ドクトリンに、こう記されていました。「民警団法は、国内の治安維持に米国陸軍、米国空軍を動員することを禁じている。合衆国法典も、海軍と海兵隊の国内治安維持活動参加を禁じる規則を公布するよう、国防長官に指示している。しかし、国土防衛は国内の治安維持ではないので、前記のような制限は受けないものとする」

2018年5月4日、トランプ大統領は、それまでNSAの傘下《さんか》にあったサイバー軍を、独立した戦闘部隊COCOMに昇格させ、NSA長官のポール・ナカソネをサイバー軍司令官に就任させせました。

2018年7月23日、ナカソネ司令官、「我々は、アメリカの重要なインフラストラクチャーに対する他国政府によるサイバー攻撃を戦争と見なし、確実に対応する」と述べました。つまり、外国がインターネットを使って投票機を不正操作する、などの行為（＝アメリカの重要なインフラストラクチャーに対するサイバー攻撃）を、外国がアメリカに戦争を仕掛けた、と見なし、軍事的な対応をする、ということです。

実は、2016年以前のアメリカでは、選挙システムは〝重要なインフラストラクチャー〟とは見なされていませんでした。しかし、民主党がロシア疑惑を叫んだことで、選挙システムへのサイバー攻撃にスポットライトが当たり、2017年1月7日、オバマ政権が選挙システムを重要なインフラストラクチャーとして指定しました。つまり、トランプはヒラリーがでっち上げたロシア疑惑に対するオバマの馬鹿げた措置を逆手にとって、おとり選挙の罠を仕掛けた、ということです。

2018年8月16日、トランプ大統領は、オバマ時代のサイバー攻撃対処政策の〝外国からの攻撃に対処する前に、ホワイトハウスや国務省の了解を必要とする〟という方針を破棄。サイバー軍が、独自の判断で外国からのサイバー攻撃に対処できるようにしました。

2018年9月5日、トランプ大統領が最高裁判事に任命したカヴァナー判事の承認公聴会で、当時トランプ派として知られていたリンジー・グラハム共和党上院議員が enemy combatant 適性戦闘員に関する最高裁の判例に関する話題を持ち出しました。そして、「敵に加担したアメリカ人も適性戦闘員とみなされ、罪に応じて刑事訴追を受け、軍事法廷で裁かれる」という最高裁の先例をカヴァナー判事が支持していることを確認しました。

2018年9月12日、トランプ大統領は外国によるアメリカの選挙干渉を国家安全保障に対する深刻な脅威として、厳しく罰するための大統領令を発しました。

当時、ロシア疑惑（＝ヒラリーとオバマがでっちあげた大嘘）に騙《だま》されていたほとんどの人々が、この大統領令はロシアによる選挙干渉を防ぐためのものだと勘違いしていました。しかし、この大統領令は、２０２０年の大統領選でもカバールが激しい不正を行うことを予知していたトランプ大統領が、悪者たちを成敗《せいばい》するために仕掛けた罠でした。

この大統領令には、まず、こう記されていました。

「外国勢力は歴史的に合衆国の自由で開かれた政治制度を不当に利用しようとしてきた。近年、デジタル機器とインターネットによる通信の普及は、２０１７年度の諜報組織アセスメントで示されたように、深刻な脆弱《ぜいじゃく》性を生み出し、外国からの干渉の脅威の範囲と強度を拡大させている。私はここに、この脅威に対処するため、国家非常事態を宣言する」

〝選挙のインフラストラクチャー〟に関しては、「有権者登録データベース、投票機、投票集計装置、選挙結果の安全な伝送装置など、連邦政府または州・地方政府、あるいは代行機関が選挙プロセスの管理に使用する情報・通信技術およびシステムを指す」と、定義されています。

また、「外国の干渉に直接、あるいは間接的に関わった、後援した、隠蔽した、加担した、または外国の干渉と共謀した人間や組織の財産を没収し、然るべき刑罰を下す」と明記されています。

さらに、「政府機関の長、あるいはその他の適切な人員は、合衆国の選挙に対する外国の干渉に関する分析、情報、評価、査定、あるいは独自の報告書を、適切なルートを通じて大統領に提出することができる」と記されています。

〝適切なルート〟に関しては定義されていませんが、不正の証拠を入手したマイク・リンデルがキャッシュ・パテルやダン・スカヴィーノに情報を送って、トランプ大統領に橋渡ししてもらう、などのルートが考えられます。つまり、ランクが低い軍人や村役場の選挙担当者が、上官や他の機関の責任者を回避して、独自の報告書を大統領に直接報告できる、ということです。これで、至る所に潜伏しているディープステイトの回し者が、不正の証拠を握りつぶす、という惨事を避けられます。

緊急事態を解除できるのは、大統領と上下両院の共同解除声明ですが、バイデンは2021年と2022年にこの大統領令を更新しているので、この大統領令は今も続いています。つまり、2022年の選挙の不正の証拠も、軍の勇士やホワイトハットが集めて保管しているので、カバールの手下たちが財産を没収されるのは時間の問題です。

Q トランプが宇宙軍を創設した本当の理由

2018年11月、トランプ大統領、〝サイバー攻撃に備えて、サイバーセキュリティを強化する〟という名目で The Cybersecurity and Infrastructure Security Agency（ＣＩＳＡ）サイバーセキュリティとインフラストラクチャー・セキュリティ局を設立。

ＣＩＳＡは民間企業の協力を得て業務を行う機関として設立され、協力を提供した企業の中には、２０２０年の選挙で不正をしまくったドミニオン投票システム、スマートマティック、ＳＣＹＴＬ《サイトル》も含まれていました。

さらに、ＣＩＳＡの内部にある The Elections Infrastructure Information Sharing and Analysis Center 選挙インフラストラクチャー情報共有分析センターには、ロシア疑惑で「民主党本部のコンピュータをロシアがハッキングした」と大嘘をついたサイバーセキュリティ会社、クラウドストライクが〝協力者〟として出入りしていました。

これは、キツネに鶏小屋の番をさせるようなもの。これも、もちろん、おとり選挙の罠でした。悪者たちは「しめしめ、内部に侵入できたぞ！　不正をしても、不正の番人として〝不正はなかった〟と言えばいいだけのこと！」と思いこみ、安心しきって、思い切り不正をしでかしたのです。

経済面では、２０１８年12月にナショナル・クウァンタム・イニシアティヴ・アクト（国家量子イニシアティヴ法）を制定し、２０１９年に量子イニシアティヴに関する大統領令を発して、カバールが導入しようとしてるＣＢＤＣ中央銀行デジタル通貨を阻止する準備を始めました。

２０１９年５月には、情報通信技術とサービスのサプライ・チェーン確保に関する大統領令を発出。この大統領令にはこう明記されています。

「敵対する外国の人間が所有、支配、管轄、指示、開発、製造、供給した通信技術やサービスを国内で使用することは、合衆国の国家安全保障、外交政策、経済に対する多大なる脅威である」

トランプ大統領は、すでにこの時点でドミニオン投票機やスマートマティックが中国などの敵対する外国の支配下にあることを周知していました。この大統領令は、２０２０年の大統領選の不正を〝国家安全保障問題〟として取り組むための布石でした。

２０１９年７月、トランプ大統領は、デイヴィッド・ノークイストを国防副長官に据えました。彼は、連邦政府縮小化、減税、税制簡素化を訴える組織、アメリカンズ・フォー・タックス・リフォームの創設者、グローヴァー・ノークイストの弟です。２兆７０００億ドルのペンタゴンの会計監査を初めて行った勇者でもあります。デイヴィッド・ノークイストは、カネの流れを追って、カネの隠し場所を突き止めることを得意としています。カネの隠し場所追究の専門家、というのは、裏を返せば、どこにカネを隠せば見つからずに済むか、ということも熟知しているはずです。カバール倒しの隠密《おんみつ》作戦に必要な経費を、うまく隠してくれたに違いありません!

2019年9月7日、NSAが、2020年の選挙に備えてサイバー攻撃対策をさらに強化。NSA長官とサイバー軍司令官を兼ねるポール・ナカソネは「我々の選挙に干渉し、影響を与えようとする敵に立ち向かう」と宣言。

2019年11月25日、動物虐待・拷問防止法制定。〝リベラル〟なはずのクリントンからもオバマからも無視されてきた動物権擁護派の悲願がやっと叶ったのです! この法律のおかげで、動物の生贄《いけにえ》や科学的根拠のない動物実験なども罰することができるようになりました。2年後にファウチの非道な動物実験が暴露されることを、トランプ大統領は知っていたのです!

2019年12月20日、トランプ大統領は、信頼できる軍人を要所に据えてスペース・フォース(宇宙軍)を新設。宇宙軍、という名称は、スター・ウォーズやスター・トレックの映画のような宇宙戦争を連想させるものなので、フェイク・ニューズは「トランプは宇宙戦争を始める気か?」とトランプ大統領を小馬鹿にしました。トランプ大統領は、嘲笑を軽くかわして、何の反駁もせずに、〝トランプはエイリアンと戦うつもりかも〟と思わせておきました。これは、孫子の兵法に基づくフェイントでした。

宇宙軍は、大陸間弾道ミサイルの早期警戒・迎撃、衛星攻撃兵器による人工衛星の破壊などの戦闘的な任務も担っていますが、主な役割は、情報伝達のための人工衛星や監視衛星の運営管理とサイバー・スペースの管理です。つまり、トランプ大統領は、インターネットを使った投票機不正操作やカバールの悪者たちのコミュニケーションを一手に掌握するために宇宙軍を創設したのです。

２０１９年12月、「合衆国で使用されている投票機ソフトウェアの２割は中国製で、投票機の部品の59パーセントは中国、ロシアの製品である」という調査結果が発表されました。

Q 選挙不正の証拠を押さえるための布石

２０２０年１月６日、クリス・ミラー、特殊作戦とテロ対策担当国防省副次官補に就任。アメリカ陸軍特攻部隊（通称グリーン・ベレー）に所属していたミラーは、秘密作戦、不正規戦、情報戦の専門家で、２０１８年３月から国家テロ対策センターでさまざまな任務を遂行していました。

２０２０年１月28日、選挙安全対策に関する会合で、サイバー軍の選挙セキュリティ担当官が、「我々は、必要に応じて攻撃的処置を取る能力も備えている。サイバー軍は、我々の選挙プロセスに干渉しようとする敵を厳しく監視している」と発言。

2020年1月31日、トランプ大統領、合衆国における人身売買およびオンライン児童搾取への対策に関する大統領令を発出。人身売買を〝現代の奴隷制度〟と定義し、国家安全保障を脅かす重大問題として厳しく取り締まる、と宣言しました。

2017年の人権侵害に関する大統領令とこの大統領令で、トランプ大統領はSNSを国家安全保障に対する脅威として取り締まるための基盤を固めました。

2020年2月10日、国防省は公式ウェブサイトで、「国防省は選挙防衛において永続的な役割を担っている」というタイトルの文書を発表。この文書には、こう記されていました。

「国防省は、NSA、サイバー軍、国土安全保障省などと協力して、2018年の中間選挙直後から敵の動きを監視している。サイバー攻撃には、干渉、隠密工作による影響力行使、という2つのタイプがある。前者は、敵が選挙のインフラストラクチャーや投票者名簿を攻撃し、投票総数を変えることだ。後者は、ソーシャル・メディアを利用して世論に影響を与えることだ」

国防省もNSAもサイバー軍も、2020年の選挙で敵が投票数を操作することを承知していたので、投票機の動きをリアルタイムで監視して、外国による選挙干渉の証拠を摑む準備を整えていたのです。

Q 外国と共謀しているアンティファやBLM

2020年3月18日、アメリカ中がパンデミックの恐怖におののいていた最中《さなか》、「大統領の継承者全員が執務不能になった場合は、軍隊が国務を執行する」という権力継承プランが存在することが明らかになりました。

大統領が病気や事故などで執務不能になった場合、あるいは在任中に死亡、弾劾裁判で免職になった場合は、副大統領が大統領の執務を受け継ぎ、副大統領も執務不能になった場合は、下院議長に権力が継承されます。その後は、上院仮議長、国務長官、財務長官、国防長官、司法長官、内務長官、農務長官、商務長官、労働長官、保健福祉長官、住宅土地開発長官、運輸長官、エネルギー長官、教育長官、退役軍人長官、国土安全保障長官、と続きます。

パンデミック以外の原因（外国との共謀による反逆罪で免職になるなど）で18人の継承者全員が機能不可能になった場合も、軍隊へ権力継承プランが実行されるので、バイデン政権誕生後、多くのトランプ支持者が「実際は軍隊へ権力が継承されたのだろう」と信じました。

2020年3月18日、トランプ大統領、コロナウイルスに関する記者会見で「私は、ある意味で a wartime president 戦時中の大統領だ」、「世界は見えない敵と戦争をしているが、我々は勝利を収める」と、発言。

2020年3月25日、コロナウイルス対策としてシャイアン・マウンテン空軍基地を閉じ、軍人たちを隔離。同基地は、核攻撃や生物兵器で政府が機能しなくなった際に、国家の存続を保障するための設備、精密通信機、と人員を備えた核シェルターです。

2020年3月27日に、一部の個人緊急予備役を現役にする大統領令、4月30日には、一部の予備役を現役の任務に就ける大統領令が発出され、現役の兵士の数を急増しました。これで、トランプ支持者は、2017年11月1日のQの「論理的に考えろ。唯一の方法は軍隊だ」というインテル・ドロップをかみしめて、軍の勇士がすべてを仕切っている！、と信じました。

2020年の春、アメリカ最大の労働組合、AFL-CIO（アメリカ労働総同盟—産業別組合会議＝民主党の共謀組織）が1200万人の組合員に、あらゆる手段を講じて民主党の勝利を死守しろ、と呼びかけるパンフレットを配布。労組のメンバーたちに、「投票所のスタッフ（立会人、不在者投票封筒収拾係り、票集計係り、案内人など）になって選挙を仕切れ！」と命じました。

トランプ側は、11月の選挙で投票集計所が労組に乗っ取られることを知りましたが、ヘタに労組を取り締まると、まだ目覚めていない大衆から反感を買うだけなので、積極的な対策はとらないことにしました。その代わり、卑怯《ひきょう》な労組が汚い手を使う現場をビデオに撮って、目覚めた人々の割合が80パーセント以上になった段階で、国民にヴィジュアルな証拠を見せることにしました。

　2020年5月6日、トランプ大統領は、コロナウイルス（＝中国のウイルス）の急襲に関して、「我々はこれまで経験したことのない最悪の攻撃を経験した。真珠湾攻撃、世界貿易センタービルよりひどい。いまだかつてないひどい攻撃だ」と発言。これは、「アメリカは外国から攻撃を受けたので、私は戦時の大統領として、あらゆる対策を講じて国を守る義務を果たさなくてはならない」と、目覚めた人々に伝えるシグナルでした。

　2020年5月25日、ジョージ・フロイドが死亡し、各地でBLMの抗議運動、アンティファの暴動が発生。暴徒は南軍の英雄の像のみならず、アメリカ建国の父たちの像までも破壊し、店を焼き討ちしました。

　2020年5月31日、司法省は、犯罪行為を行った抗議運動参加者や暴徒を調査する許可を麻薬取締局に与えました。同日、トランプ大統領は、「合衆国はアンティファをテロ組織と指定すべきだ」と、ツイートしました。

　2020年6月1日、各地で暴動が激化する中、トランプ大統領は演説を行い、「地方政府が暴動を収拾しないのなら、私が軍隊を派遣してでも法と秩序を守る」と発言。

この演説を行う前に大統領執務室で撮った写真を、同年12月15日にダン・スカヴィーノ大統領首席補佐官代理がフェイスブックに掲載。このスナップショットに「大統領執務室の歴史的瞬間。いつか真相をお話しします」というキャプションがつけられていたので、トランプ支持者の多くが、この時点でトランプ大統領は軍隊に継承権を移譲する決断を下したのだろう、と思いました。

同日、トランプ大統領、前の日にBLMの焼き討ちにあったセント・ジョンズ教会に歩いて行って、教会の前で聖書を掲げ、法と秩序を順守する決意を表明。数時間後、写真やビデオの長距離撮影などが可能なFBIの偵察機が暴徒の監視を開始。

2020年6月3日、4日、ワシントンDC州兵の要請で、空軍州兵の偵察機がワシントンDC上空から暴徒を監視。それぞれの州の州兵は州知事の指揮下にあります。ワシントンDCの州兵の最高司令官は大統領なので、空軍州兵偵察機が収集した情報はトランプ大統領が掌握しました。

2020年6月4日、バー司法長官が、「司法省は、アンティファが暴動を引き起こした、という証拠を摑んだ」と発表。

2020年6月15日、トランプ政権がドローンやヘリコプターも使って15の都市で起きた暴動を偵察していたことが明らかになりました。

2020年6月26日、トランプ大統領、アメリカの記念碑像の保護、暴力的犯罪への対策に関する大統領令を発出。記念碑や像、政府の建物、所有物を破壊、撤去、破損、冒瀆《ぼうとく》した個人や団体に最高10年の禁固刑を処す、と定めました。

同日、バー司法長官は、暴力的反政府過激派を取り締まるための特別委員会設立を発表し、反政府過激派が外国からの援助を受けている可能性も調べていることを明らかにしました。

2020年8月8日、ラスヴェガスで行われたDEF CON大会（コンピュータ・セキュリティ専門家やハッカーの集会）で、NSAの選挙セキュリティ担当官が、こう発言。

「ロシア、イラン、中国など諸外国がアメリカの世論操作活動をしていて、特に中国はすべてのアメリカ人の個人データを狙い、壮大な規模の操作を展開している。我々は海外にも作戦センターを配置している。敵が選挙に干渉すれば、敵の本拠地に乗り込んで干渉に対応する能力を備えている」

2020年8月10日、トランプ大統領は、クリス・ミラーを国際テロ対策センター長に就任させました。国際テロには、海外からの資金・物資援助・思想的統制を受けているテロ、外国政府を含む海外の組織と共謀しているテロなども含まれます。外国とはまったく無関係な国内テロはFBIとDHSの管轄ですが、ほんの少しでも海外の組織や外国政府が関与したテロは、国際テロ対策センターが仕切る、という区分けです。たとえ数百ドルでも外国政府から資金援助を受けたテロや、海外の組織のイデオロギーに感化されたテロの取り締まりは、国際テロ対策センターの管轄です。

クリス・ミラーは、暴動が激化する最中、同センターでテロ対策特殊作戦部隊を指揮し、情報収集、偵察、対外的内部防衛、暴動拡散防止、などの業務を遂行していました。

ミラーは、10月8日に行われたインタビューで、こう言っています。

「FBIは国内の担当で、我々は要請があれば援助します。我々はコネクションの追究に重点を置いています。外国のテロ組織が国内テロ集団を支援し、指示している、という裏付けが取れた時点で、国内テロ集団は海外テロ集団と指定されます」

つまり、すでにアンティファやBLMが外国と共謀していることを知っていたトランプ側は、2020年初夏から夏にかけて、暴徒たちを偵察し、彼らのケータイ電話の情報を収集し、有罪の証拠を着々と集めていたのです。

Q 2020年大統領選挙前、最後の準備

2020年9月10日、トランプ大統領、2018年に発した「外国によるアメリカの選挙干

渉を罰するための大統領令」で宣言した国家緊急事態を、さらに1年延長。

国家が緊急事態に陥っている間、大統領には多大なる権限が与えられ、連邦政府や軍の幹部がワシントンDC、及びペンタゴンから別の場所に避難することになっています。

つまり、トランプ大統領や政府の要人や軍部の幹部がフロリダに移転して、シャドウ・ガヴァメント（影の政府）を運営することも可能、というわけです。

2001年9月11日の同時多発テロの直後、ブッシュは首都が破壊されても政府が存続できるようにするために、密かに約100人の政府高官をワシントンDC郊外の施設に移して、シャドウ・ガヴァメント、影の政府を運営していたので、すでに先例も存在します。

ちなみに、合衆国政府継続プランは、The Continuity of Government Readiness Conditions（COGCON）政府継続準備状況には左記の4つのレベルがある、と説明しています。

COGCON レベル4：連邦行政職員は通常の勤務地で仕事をする。代替施設を維持し、定期的に政府継続のための訓練を行う。

COGCON レベル3：連邦機関と各省の事前移転チーム、代替施設が速やかに機能するよう準備し、通信・ITシステムのテストなどを行う。

COGCON レベル2：政府機能継続要員の50～75パーセントを代替施設に移転させる。壊滅的緊急事態が発生した場合の業務遂行能力を確立し、必須機能遂行の準備をする。

COGCON レベル1：あらかじめ指定された指導層と継続要員の全員を代替施設に配置し、代替施設から必須機能を実行。

2020年9月17日、合衆国憲法批准記念日の式典で、トランプ大統領は、アメリカ建国の父たちの銅像を引き倒すBLMやアンティファを批判して、「私たちは、今日、ここで、専制政治に屈しない、と宣言します。あらゆる人種、肌の色、宗教、信条を持つ市民のために、私たちの歴史と国家を奪還するのです！」と宣言しました。

2020年10月、インターネットのセキュリティを監視する非営利団体、センター・フォー・インターネット・セキュリティ（CIS）が設立され、CISAの内部にある選挙インフラストラクチャー情報共有分析センターのセキュリティを担当することになりました。CISの実務は、ロシア疑惑でっち上げに加担したクラウドストライクに委任されていました。もちろん、これも、トランプ大統領がしかけた罠でした。

2020年10月下旬、極左集団が組織するシャットダウンDCというプロジェクトのズーム・コールがリークされ、トランプ政権にこのビデオが送られました（残念ながら2時間近いオリジナルのビデオはすでにネット上から消去されてしまいました）。このビデオで、連邦政府の役人、左翼活動家、当時国務省でアフガニスタンとシリアを担当していたマリア・シュテファンなどが、大統領選後にBLMなどを起動してワシントンDCの連邦政府の建物を占拠する計画を立てていました。これは、2021年1月6日の議事堂侵入（カバールが起こした偽旗工作）の企画会議でした。シャットダウンDCの資金源はソロスなどのカバールの手下で、この組織は中国共産党と深い関係があるサンライズ・ムーヴメントの支援を受けています。

「役人の地位と職権を最大限に利用して政府（＝トランプ政権）の機能を妨げよう！」と唱えていたマリア・シュテファンは、当時の国防長官、マーク・エスパーと共に合衆国平和協会（＝ディープステイトの戦争促進組織）でも活躍していました。Qは、2019年2月11日のインテル・ドロップで、「FISA《フィサ》外国情報監視法は両方が使える」（＝トランプ側も使える）と示唆しています。中国の干渉、というアングルから、トランプ政権がマリア・シュテファンをFISAの対象にして、盗聴を始めたに違いありません。11月9日にトランプ大統領がエスパーを解雇したのは、シュテファンとエスパーが共謀していた証拠を摑んだからでしょうか。

『ディープ・ステイトの真実』に詳しく書いたことですが、FISAはトゥー・ホップ（あるいはトゥー・ジャンプ）盗聴法を許可しています。つまり、調査対象になった人物と接触した人間（1つめの接触）が接触した人間（2つめの接触）のことも盗聴対象にできるので、相当数のディープステイト幹部とカバールの要人の情報を合法的に記録できたはずです。彼らが裁かれる軍事法廷のライヴ中継が、今から楽しみです！

２０２０年11月3日、選挙の日に、アメリカ・サイバー軍のナカソネ司令官が、こうツイートしました。

「何千万人ものアメリカ人が投票所に向かう中、合衆国サイバー軍とＮＳＡ国家安全保障局の世界中のチームは、協力組織と共に選挙を守るために全力で取り組んでいます。我々は２０１８年に学んだことにさらに磨きをかけて２０２０年の選挙に臨みました」

このツイートの行間から、左記の真意が読み取れます。

●アメリカの選挙を守るために〝世界中のチーム〟を起動している＝外国からの干渉を見越して、世界中のチームを起動した。

●２０１８年の選挙で学んだこと＝外国が干渉して不正を行った。

●磨きをかけて２０２０年の選挙に臨んだ＝悪事を暴く手段をさらに充実させて、不正の証拠を摑んだ。

トランプ大統領は、カバールにやりたい放題不正をやらせて、揺るぎない証拠を握り、裁判で証拠を提示する機会を待っているのです。

Q 国家反逆罪を確実に裁くために

2020年11月7日、常人の目には明らかだった選挙の不正をまったく無視した大手メディアが「バイデンが次期大統領になった！」と宣言。

2020年11月9日、トランプ大統領は、マーク・エスパー国防長官（軍需企業、レイセオンのロビイストで、カバールの手先だった）を解雇して、国際テロ対策センター長のクリス・ミラーを国防長官代行に指名。

2020年11月10日、トランプ大統領は、マイケル・フリンの腹心であるエズラ・コーエン・ワトニックを国防省情報担当次官に据えました。さらに、同日、権力継承政策を取り仕切る任務を負った国防省政策担当次官に、アンソニー・テイタを就任させました。

陸軍推奨だったテイタは、2009年に退役。その後、「オバマはムスリムだ」と発言し、推理小説の執筆家になりました。ロシア疑惑の最中は、「CIAがトランプを暗殺しようとしている」と発言して物議を醸し、2019年10月には〝ビジネスマンに大統領の座を奪われた有力女性政治家が、下院議長、副大統領を暗殺して、大統領の座を手に入れようとする〟という筋書きの政治推理小説『ダブル・クロスファイアー』を出版しています。つまり、テイタは明らかにカバールとディープステイトの実態を把握している愛国者、ということです。

2020年11月11日、トランプ大統領は、カッシュ・パテルをワトニックの助手に任命。パテルはデヴィン・ヌネス共和党下院議員の腹心として、ウクライナ疑惑の真相暴露に貢献した国防情報の専門家です。

2020年11月12日、中国軍需企業の資金を提供する証券投資の脅威に対処する大統領令を発出。アメリカの企業・個人投資家が、合衆国政府によって Communist Chinese military company〝共産中国軍企業〟と認定された企業の証券を購入または投資することを禁じました。

2020年11月12日、CISAサイバーセキュリティとインフラストラクチャー・セキュリティ局が、「11月3日の選挙は、アメリカ史上最も厳重に警備された選挙だった。アメリカ全土で選挙管理者が、選挙結果確定に備え、選挙プロセス全体を見直し、ダブル・チェックしている」と発表。

もう一度書きます。CISAは、ドミニオン投票システム、スマートマティック、SCYTLなどの民間企業の協力を得てサイバーセキュリティのチェックをしている組織です。民主党本部のコンピュータのデータを盗んだ犯人を突きとめるために雇われたクラウドストライク(実はヒラリー派のディープステイトの組織)が、「ロシアのハッカーの仕業だった」と大嘘をついた経緯と酷似しています(詳しくは『ディープ・ステイトの真実』参照)。

2020年11月27日、トランプ政権司法省は、連邦政府による死刑執行方法を改正し、銃殺による処刑も可能にしました。さらに、処刑方法選定に関する州の自治権を拡大し、州が絞首刑を執行する権利を認めました。

合衆国法典（連邦法の恒久的なものを主題別に編纂した公式法令集）の第18編（犯罪、及び刑事手続き）には、こう記されています。

「合衆国に忠誠を誓いながら、合衆国に対して戦争を仕掛けたり、合衆国の敵に忠誠を誓ったり、合衆国内またはその他の場所で敵に援助と安堵感を与えたりした者は、反逆罪で有罪になる。反逆罪の罰は、死刑、あるいは5年以上の禁固刑と1万ドル以上の罰金で、合衆国のいかなる役職に就くことも禁じられる」

クリントン一家、オバマ夫婦、バイデン一族、ブッシュの一味、カマラ・ハリス、ペロシ、シューマー、アレクサンドリア・オカシオ・コルテス、イルハン・オマー、ソロス、ファウチは、みな自分たちが反逆者であることを承知しているので、震え上がったことでしょう！

2020年12月3日、ラトクリフ国家情報長官（DNI）が、ウォール・ストリート・ジャーナル紙に、「中国は国家安全保障の最大の脅威」と題する論説を投稿。

ラトクリフは、まず「国家情報長官である私は、大統領以外の合衆国政府のどのメンバーよりも多くの情報にアクセスする任務を委任されています」と、自分の権限を明示し、こう続けました。「この比類のない情報収集能力を持つ立場からアメリカ国民に伝えたいことがあります。それは、中華人民共和国が今日のアメリカにとって最大の脅威であり、第2次世界大戦以来の世界の民主主義にとっても最大の脅威である、ということです。ネット上で中国共産党のイデオロギーを脅かす内容を抑圧している中国は、今年、大規模な影響力を行使しました。中国の標的には、数十人の議員と彼らのスタッフも含まれていました」

この後、ラトクリフは、「中国が運営する企業に雇われた労組のリーダーが、メンバーを動かして選挙に影響を与えることが十分にあり得ます。さらに、議員を買収したり恐喝する可能性もあります」と、述べました。これは〝仮説〟という形で書かれたシナリオですが、実はラトクリフはこういうことが実際に起きている証拠を摑んでいたのです。

そして、ラトクリフは、こう締めくくりました。

「これは我々の世代にとって一度しか訪れない挑戦です。アメリカ人はファシズムの脅威を打ち負かし、鉄のカーテンを崩し、常に難局に立ち向かってきました。世界を中国化し、アメリカを押しのけて世界の超大国になろうとしている中国へどう対処するかで、我々の世代への評価が決まります。情報は明確です。私たちの対応も明確であるべきなのです」

この論説の行間を読むと、ラトクリフが「中国がアメリカの政治家や労組、メディアなどと共謀して選挙を盗んだ」と、言っていることがよく分かります。

トランプ大統領が創設した宇宙軍のニックネームはGuardianガーディアン。守護者、監視者、という意味です。宇宙軍は選挙の票集計をリアルタイムで監視し、中国と民主党が大規模な不正を行う証拠を記録していました。

地球上のありとあらゆる情報を握っているトランプ大統領とラトクリフは、中国と中国の手先である両党の政治家、バイデン、労組が選挙で大規模な不正を行った証拠を保管し、国民の8割が目覚める日の到来に備えました。

Q 連邦政府回復戦略

2020年12月7日、トランプ大統領、立憲政治の存続（継続）を保障するための大統領令を発出し、「国家安全保障と政府構造の維持を保証する包括的かつ効果的な継続プログラムを維持する」と、政府継続の重要性を再び強調。

さらに、この大統領令には、「現行の反作用的対策（問題が起きてから対応する方法）から、先を見越した対策である連邦政府回復戦略に切り替える」と記されていて、同日、連邦政府回復戦略が発表されました。

連邦政府回復戦略には、「政府継続のための実行委員会を設立し、あらゆる情報を大統領首

「連邦政府回復戦略」実行委員会のメンバー

（肩書はすべて当時）

クリストファー・ミラー国防長官
(Christopher C. Miller, 1965-)

チャド・ウルフ国土安全保障省長官
(Chad Wolf, 1976-)

ジョン・ラトクリフ国家情報長官
(John Ratcliffe, 1965-)

ロバート・オブライエン
国家安全問題担当大統領補佐官
(Robert C. O'Brien, 1966-)

トニー・オーナート首席補佐官代理
(Anthony Ornato)

ラッセル・ヴォート行政管理予算局長
(Russell Vought, 1976-)

ケルヴィン・ドローグマイアー
科学技術制作局長
(Kelvin Droegemeier, 1958-)

席補佐官を通じて大統領に報告する」と記されていました。

実行委員会の構成員は、国防長官、国土安全保障省長官、国家情報長官、国家安全問題担当大統領補佐官、首席補佐官代理、行政管理予算局長、科学技術政策局長。当時は、クリス・ミラー、チャド・ウルフ、ジョン・ラトクリフ、ロバート・オブライエン、トニー・オーナート、ラッセル・ヴォート、ケルヴィン・ドローグマイアーがそれぞれの役職に就いていました。彼らのほとんどが愛国者です。

バイデンはトランプ大統領のこの大統領令を覆《くつがえ》していないので、多くのトランプ支持者が、「実行委員会のメンバーは新政権誕生後も、トランプ大統領帰還の準備をしている」と、信じています。

2020年12月9日、宇宙軍がインテリジェンス・コミュニティに加入。

2020年12月19日、クリス・ミラーが、ペンス副大統領に「アメリカ史上最も複雑な軍事作戦実施の際に、あなたの堅実なリーダーシップが私に勇気を与えてくれたことに関し、お礼を申し上げます」とコメント。

同日、ダン・スカヴィーノが、トランプ大統領がリンカーンの肖像画を見つめる写真、チャーチルの写真を見つめるトランプ大統領（写真のガラスの枠にトランプの顔が薄く反映されている）の写真、アンドリュー・ジャクソンの肖像画を背景にトランプ大統領が電話をしている写真、をツイートしました。

リンカーン、チャーチル、ジャクソンは、戦時中のリーダーです。リンカーンは、南北戦争の最中、及び戦後、あらゆる手段を講じて合衆国憲法と国家の存続を守りました。チャーチルは、1936年、ナチス・ドイツの偽選挙を批判しました。アメリカ独立戦争に従軍し米英戦争で功績を挙げた軍部出身のジャクソンは、あらゆる手段を講じて第2連邦銀行を潰しました（詳しくは拙著『カバールの正体』参照）。

これらの3枚の写真は、「カバールの手下と化した中国や民主党が不正選挙という手段でアメリカを潰そうとしている。アメリカは今、戦争状態にあり、トランプは、敵と敵に加担するアメリカ国民と戦っている」というヒントでした。

2020年12月20日、トランプ政権、既存の政府存続政策強化対策を発表。この強化対策には、「悪状況への対応という形ではなく、先を見越した取り組み方でスムーズな権力継承プロセスを実行する」と記されていました。

Q 1月6日、ディープステイトによる議事堂侵入グラディオ

2021年1月5日、トランプ大統領、アンティファ関係者の入国禁止に関する文書を発表。

この文書には、こう書かれていました。

「アンティファは、悲劇を悪用して過激な左翼無政府主義の暴力をふるっています。また、アンティファは、長年に渡り、過激な目的を達成するために、許可されたデモを利用して無法な犯罪行為を展開しています。（中略）こうした暴力行為は平和的抗議者の権利を損ない、アメリカの人々、特に最も弱い立場にいる人々の生命、自由、財産を破壊するものです」

トランプ大統領は、次の日にディープステイトの手先であるアンティファがトランプ支持者を装ってグラディオを起こすことを予知していた、ということです。

さらに、同日、トランプ大統領は、中国企業が開発・管理するアプリケーションなどのソフトウェアの脅威への対応に関する大統領令を発出。この大統領令には、こう記されていました。

「同令発出日から45日後以降、下記の中国と関連があるソフトウェア・アプリケーションを開発、管理する者・団体、あるいはその子会社との取引を禁じる」

列挙されたソフトウェア・アプリケーションの中には投票機のソフトウェア、テンセントも含まれていました。

大統領令は、次の大統領が無効にすることができるので、45日後にバイデンが大統領になれば、この令は効力を失います。しかし、トランプ大統領が一連の大統領令を発出することで、「中国がコントロールする投票機は国家安全保障の脅威であり、中国と取引した者・団体は国家安全保障侵害という反逆罪を犯した」と明示できました。

２０２１年1月6日、トランプ大統領はワシントンＤＣで集会を開き、トランプ支持派の議員たちは、議会で「不正の有無を調査すべきだ」と主張していました。

ディープステイトが議事堂侵入というグラディオを企んでいることを知っていたトランプ大統領は、わざと1時間も遅れて登場し、演説を始めました。

そして、トランプ大統領がまだ演説を続け、観衆がまだトランプ大統領の声に聞き入っている間に、ホワイトハウスから２・６マイル離れた（徒歩46分の距離）議事堂にトランプ支持者を装った人間たちが侵入しました。トランプ支持者の振りをして侵入を扇動したＦＢＩの回し者はＦＢＩのエージェントとケータイ電話で逐一連絡を取り合っていて、トランプ側はその記録をしっかりと摑んでいました。

しかし、大手メディアが「暴力的なトランプ支持者が議事堂に押し入り、警官を殺した！」と、大嘘を報道。ディープステイトもカバールの手下の議員たちも、グラディオが成功したと思い込みました。これで、多くの共和党議員までもが「死者まで出したトランプ支持者の暴行を許すのは、道徳、倫理に反する」という口実を使い、選挙の不正を追及することを〝諦めて〟、不正選挙の結果を承認しました。これは、〝合衆国憲法を守る〟という議員の義務を怠った違憲行為でした。

2021年1月7日、インテリジェンス・コミュニティ（FBI、CIA、国防省の情報部など、アメリカのすべての情報部の総称）が「2020年の選挙への外国の干渉はなかった」と発表し、ラトクリフ国家情報長官は、「外国の干渉があった。インテリジェンス・コミュニティの監査は、2020年の選挙に対する中国の干渉の全容を反映していない」と、発表しました。

2021年1月11日、トランプ大統領は、エズラ・コーエン・ワトニックを公益のための機密解除委員会委員長に任命。委員長を含む委員は総勢7名で、任命の日から3年間任務を遂行することになっているので、ワトニックは2024年1月10日まで機密解除委員会委員長であり続けます。その他の6人の委員のうち3人はトランプ大統領が2020年末に任命した（つまり2023年まで任務を遂行する）トランプ派の人間、1人は2020年8月に少数党（共和党）院内総務が任命した保守派のトレイ・ガウディ、残りの2人は、それぞれ民主党のシューマーとペロシが任命した反トランプ派です。少なくとも、2023年の末までは、7人のうち5人がトランプ派なので、民主党や反トランプ派にとって都合の悪い機密情報が解除される、ということです。

2021年1月13日～2月13日、トランプ大統領、騒乱罪の容疑で2度目の弾劾裁判。すでに大統領の座を退くことが決まっている大統領を弾劾裁判にかけ、大統領の座を退いた後も弾劾裁判が続きました。この先例に従い、公職引退後の政治家、つまり、クリントン夫妻、息子ブッシュ、オバマなどを弾劾裁判で罰することができるようになりました。

２０２１年1月18日、それまでずっとレベル4だった COGCON がレベル２に上昇したので、トランプ支持者の多くが、「トランプ大統領のシャドウ・ガヴァメント、影の政府が発足した！」と信じました。

２０２１年1月20日、バイデン就任式。トランプ大統領は選挙で不正が行われたことを主張し続け、就任式に出席せず、ニュークリア・フットボール（核攻撃の指令を出す道具が入った黒いブリーフケース）と共にフロリダに旅立ちました。

Q 退役軍人たちに武装クーデターを起こさせない

こうした数々の状況証拠が蓄積された結果、退役軍人たちはこう確信しました。

「トランプ大統領がピーズ：大統領緊急行動文書に署名し、シャイアン・マウンテン空軍基地にこもった軍部の勇士たちが、トランプ大統領が復帰するまで政府を存続させ、偽大統領からアメリカを守るための作業をしているに違いない！」

大きな歴史の流れの中で２０２１年、２０２２年を振り返ってみると、トランプ大統領がピーズに署名したかどうかは、さほど重要なことではありません。大切なのは、政府存続作業のキー・ポジションにトランプ大統領がトランプ派の軍人を据えたおかげで、退役軍人たちが「万が一のことが起きても大丈夫だ！」と安心して、バイデンを倒すための武装クーデターを起こさなかったことです。

バイデンが不正選挙で大統領の座を盗んだ証拠を摑んでいた軍部は、不正を糺《ただ》す義務を負っています。しかし、ヘタに動くとアメリカ中で暴動が起きてしまうので、トランプ大統領と軍部は、この後、バイデン偽政権の暴政を適度に放置し、行き過ぎないように陰で制御しつつ、バイデン派の愚鈍なアメリカ人が目覚めるのをひたすら待っていました。

最後に、連邦政府回復戦略実行委員会のメンバーのその後の動きをお伝えします。

クリス・ミラーは、サイバー・セキュリティや情報収集を専門とするバウンダリー・チャネル・パートナーズという組織を設立。11人の重要メンバーのうち10人がトランプ政権で働いていた愛国者です。

ジョン・ラトクリフとチャド・ウルフは、トランプ大統領の政策を推す組織、アメリカ・ファースト・ポリシー・インスティテュートの重役になりました。

もともとシークレット・サーヴィスに所属していたトニー・オーナートは、古巣に戻って、シークレット・サーヴィスのトレイニング部門の部長をしています。

ラッセル・ヴォートは、センター・フォー・リニューイング・アメリカ（アメリカ再生センター）という愛国的な組織を立ち上げ、キャッシュ・パテルも重役として名を連ねています。

ロシア疑惑解明のリーダーを務めたデヴィン・ヌネス元共和党下院議員は、トランプ大統領のソーシャル・メディア、トゥルース・ソーシャルのＣＥＯになって、真実の拡散に貢献しています。スティーヴン・ミラーは、左翼の過激な活動や政策を阻止するための法律事務所、アメリカ・ファースト・リーグを結成し、ジョン・ブレナンやジェイムズ・クラッパーの悪事を暴く活動にも力を入れています。

第4章　トランプ大統領とホワイトハットが退役軍人へ送った合図

You are watching a move.
君たちは映画を見ている。
Q

拙著『カバールの正体』、『フェイク・ニューズメディアの真っ赤な嘘』などで詳しく書いたことですが、カバールがアメリカ制圧に手こずっている最大の要因は、アメリカ人の過半数が銃を所持し、銃所持権が合衆国憲法で保障されていることです。

そのためカバールは、バイデン政権に不満を持った人々が銃を手に反乱を起こした時点で、〝国家安全保障のため〟という口実を使って国連軍を招き入れて、銃を没収しよう、と企んでいました。一方、おとり作戦を展開するトランプ大統領が抱いていた最大の危惧は、カバールの横暴に激怒した退役軍人たちが武器を手に立ち上がり、カバールの思うつぼに陥ることでした。

カバールは、すでにクリントン政権時代から数々のテロや学校銃乱射事件を起こし、その度に銃規制を強化し、2021年1月6日にも議事堂侵入というグラディオを仕掛けてトランプ支持者をテロリスト扱いしています。

そこで、トランプ大統領は、正義感の強い退役軍人がカバールの罠にはまらないようにするために、〝バイデンは偽物で、今起きていることはすべて芝居だ〟と教えるさまざまな合図を送り続けました。

Q 〝今起きていることはすべて芝居だ〟という合図

まず、愛国者のポッドキャスターたちが、トランプ大統領が発した2つのコメントを、何度も繰り返して引用しました。

1つめは、2016年の2回目と3回目のディベート、及び2017年の就任演説にも盛り込まれた、この一言です。

We have over 200 generals and admirals that have endorsed our campaign and they are special people.

「200人以上の将官や提督が私たちのキャンペーンを支援してくれました。彼らは特別な人々です」

75ページの記述を読み返していただくと、この一言が軍人や退役軍人に「カバール解体作戦が始まった」と告げる合図だったことが分かります。

2つめは、2020年9月に行われた最初のディベートで、オバマ政権がロシア疑惑をでっち上げたことを批判した一言です。（　）の中は私の解説です。

「私たち（トランプ側の人間）はすべてを摑《つか》みました。全部分かってます。すべてテープに記録してあります。あなたはフリン将軍をローガン法で捕らえるアイデアを出した。だから、あなたのことも捕まえた（おまえの悪事の証拠も捕らえた）、と言えますよ。オバマ大統領も執務室に座ってましたから。彼も知っていたのです」

このコメントから、NSAがオバマ政権の悪事の証拠をトランプ大統領に渡していた、と推測できます。大統領執務室の会話さえ盗聴できるNSAが、選挙の不正を見逃すはずがないので、2020年の選挙も2022年の選挙も不正の証拠を摑むためのおとり作戦だったことが分かります。

こうして、トランプ大統領本人のコメントを愛国派ポッドキャスターたちが折に触れて引用したおかげで、退役軍人たちは逸《はや》る愛国心を武装蜂起ではなく、草の根運動に向けて、周囲の人々の目を覚まさせる活動に力を入れました。

Q 実権はトランプが握っている数々の証拠

一方、ホワイトハットたちは、折に触れて、「正義の味方たちが裏で実権を握っている」と知らせるために、主にヴィジュアル面で分かりやすい合図を送り続けました。

2021年1月6日、議事堂侵入事件が起きた後、トランプ大統領は複数の州の州兵をワシントンDCに派遣して、連邦政府の建物の周囲にフェンスを作らせせました。大統領が州境を超えて州兵を起動できるのは、緊急事態発生時、及び戦時のみです。州兵は1月17日（17はQの数字）にワシントンDCに到着し、1月20日の就任式が終わった後、3月3日までワシントンDCにとどまりました。シープルは、「建物と中にいる役人や議員を守るためにフェンスが建てられた」と思いました。しかし、トランプ支持者は、米軍が2018年から5億ドルの予算をつぎ込んで地下での戦闘訓練をしていたことを知っていました。そして、「州兵は、フェンスで建物の敷地内に人が入れないようにして、その間に議事堂やホワイトハウスの地下から子どもたちを救出している！」と察知しました（議事堂侵入＝カバールの偽旗工作の詳細は『フェイク・ニューズメディアの真っ赤な嘘』参照）。

副大統領になることが決まったはずのカマラ・ハリスが、いつまでたっても上院に辞表を提出せず、就任式の数日前の1月18日にやっと辞任したのも、異常な行動でした。ハリスは、自分たちが激しい不正をしたことがいつバレるか、と気をもんでいたのでしょう。

1月19日、トランプ大統領は公式な別れの演説を、the best is yet to come.「最良の時期が訪れるのはまだまだこれからです」という一言で締めくくりました。これは、「私が必ず近い将来カムバックして、アメリカに黄金時代をもたらしてあげるから、ヘタに武装蜂起をするな！」という合図でした。

1月20日にバイデンの就任式が行われた後、トランプ派のポッドキャスターたちは、就任式がバイデンが偽物であることを知らせるための芝居だったことを証明する映像を放映しました。『カバールの正体』第11章「大覚醒」でも書いたことですが、バイデン就任式でトランプ側が送った合図をもう一度見直しておきましょう。

まず、2020年の大統領選の後、トランプ大統領は一貫して「不正があった。実際は私が勝った」と言っていることを、忘れないでください。

2021年1月20日、トランプ大統領は、就任式に出席せず、核攻撃の指令を出す道具が入った黒いブリーフケースを持った軍人を従えてアンドリュース空軍基地に向かいました。基地到着後、21ガン・サリュートの祝福を受け、黄色い縁飾りがついた17本の国旗をバックに、「なんらかの形で戻ってきます」という一言が入ったお別れの演説をしました。そして、正午過ぎにエアフォース・ワンに乗り込んで、フロリダに飛び立ちました。

これを見て、退役軍人たちは、「トランプがまだ大統領である証拠だ！」と察知しました。エアフォース・ワンは大統領専用機であり、合衆国憲法補正第20条に「大統領の任期は1月20日の正午に終わる」と記されているからです。

また、黄色い縁飾りがついた国旗は、戦時、あるいは海事法の統治下にある時に使用されるので、愛国者たちは、「カバールに乗っ取られたアメリカを奪還するためにトランプ大統領が隠密作戦を開始した証拠だ！」と認知しました。

一方、バイデンは政府の飛行機ではなく、民間のチャーター機でワシントンDC入りしました。大統領になる人間が民間機で移動するはずがありません！

しかも、バイデンが乗っている車が通っても、道ばたに並んでいる兵士の多くが背を向けていました。AP通信は、「兵士はバイデンを守るために監視していただけ」と、フェイク・ファクト・チェックの記事を書きましたが、密集した何十人もの兵士が同じ位置で同じ方向を見て見張りをすることはあり得ません。

この日、ワシントンDCは曇りで雪がちらついていましたが、就任式の〝生中継〟は、カメラが切り替わる度に晴れていたり曇っていたり、という不思議なお天気でした。

議事堂のドームの前ではためく星条旗の下には、戦争の捕虜と行方不明者に敬意を表するための黒い旗が掲げられていました。フェイク・ファクト・チェックは、「バイデンが戦争捕虜に敬意を表した」と、褒めそやしましたが、退役軍人たちは「ホワイトハットが旗信号で〝アメリカが外国に侵略されてアメリカ人が捕虜になった〟と合図している！」と察知しました。

Q バイデン就任式での編集されたお芝居映像

バイデンは午前11時47分に大統領になるための宣誓をしました。これも〝バイデンは偽大統領だ〟と知らせるための合図でした。前述した通り、「大統領の任期が終了するのは1月20日の正午」と定められているので、トランプ大統領の任期が終了しないうちに、バイデンが就任の宣誓をするのは違憲行為です。

さらに、バイデンのホワイトハウスのオフィシャル・サイトにも、午前11時52分にバイデンが就任演説を始めたことが記録されています。これは、ご丁寧に犯罪の証拠を記録しているようなものなので、すべてがホワイトハットの台本に従ったお芝居であることが分かります。

バイデンが宣誓を行うシーンは、カメラが切り替わる度にバイデンの後ろにいる人たちが入れ替わり、明らかに2つの〝就任式〟を録画して、編集で切り貼りしたものでした。

就任宣誓のシーンを、しっかり見直してください！

2時間52分4秒

2時間52分6秒

2時間52分17秒

2時間52分29秒

切り貼り編集加工で出来たバイデン就任式（2021年1月10日）

2時間51分29秒

2時間51分34秒

2時間51分46秒

2時間51分49秒

https://www.youtube.com/watch?v=39vj3oALMDM

2時間51分24秒から30秒までのシーンではバイデンの後ろの左側に白服、白いマスクの女性、右側にピンクの服、ピンクのマスクの女性がいますが、カメラが切り替わった後、この2人が消えて、柄物のマスクの女性が登場しています。

2時間51分46秒で、もう一度カメラが切り替わると、この2人が再登場し、黒いマスクをしたアジア人男性の顔が見えます。

2時間51分49秒でまたカメラが切り替わるとこの3人が消えて、柄物マスク女性が再登場。

2時間52分4秒に、またカメラが切り替わると、白、ピンク、アジア人男性がまた出てきます。

2時間52分6秒で、またこの3人が消えて、柄物マスク女性が登場。

2時間52分17秒で、柄物マスクが消えて、白、ピンクが登場。

2時間52分29秒で、また白、ピンクが消えて、柄物マスク登場。

あり得ない切り貼りの編集は、ケアレス・ミスではなく、ホワイトハットが「この就任式は単なる芝居で、バイデン政権は偽物だ！」と教えるためのヴィジュアルなヒントでした。

いくつかのシーンで現れた男性は、キャッスル・ロック・エンターテインメント（映画スタジオ）の帽子をかぶっていました。Qのインテル・ドロップに3度も出てくるキャッスル・ロックには、大統領執務室のセットがあります。
就任式の〝祝砲〟も、バイデンが偽物であることと、軍隊がホワイトハットと共に就任式を仕切っていることを、愛国心溢れる兵士や退役軍人たちに告げるための暗号でした。
大統領就任を祝う公式な祝砲（21ガン・サリュート）は、3台の大砲と、不発に備えてもう1台の大砲、合計4台の大砲が用意され、3台の大砲が3秒ごとに大砲を撃ちます。しかし、バイデンの〝祝砲〟は、2台の大砲と、不発に備えた1台の大砲、合計3台の大砲が5秒ごとに大砲を撃ちました。これは、大統領就任を祝う大砲の撃ち方ではなく、軍人の葬儀、あるいは外国の要人の到着を祝うときに使われる打ち方です。
以下、比較してみてください。
トランプ大統領の2017年の就任式
https://www.youtube.com/watch?v=sN1zIJc8PUU
トランプ大統領がアンドリュース空軍基地で受けた21ガン・サリュート
https://www.c-span.org/video/?508090-1/president-trump-remarks-departure-ceremony&live=
バイデンのフェイク就任式
https://www.youtube.com/watch?v=UIprRLYcteA

大統領就任式は計４台の大砲が使われるのが慣例

トランプ大統領の 2017 年の就任式
（https://www.youtube.com/watch?v=sN1zlJc8PUU）

トランプ大統領がアンドリュース空軍基地で受けた 21 ガン・サリュート
（https://www.c-span.org/video/?508090-1/president-trump-remarks-departure-ceremony&live=）

バイデンのフェイク就任式
（https://www.youtube.com/watch?v=UlprRLYcteA）

バイデン就任式直前に〝海兵隊〟が着ていたユニフォームは、2012年に廃止された古い型だった

バイデン就任式のフェイク海兵隊員の迷彩服
（https://www.cbsnews.com/pictures/inauguration-2021-joe-biden-kamala-harris/73/）

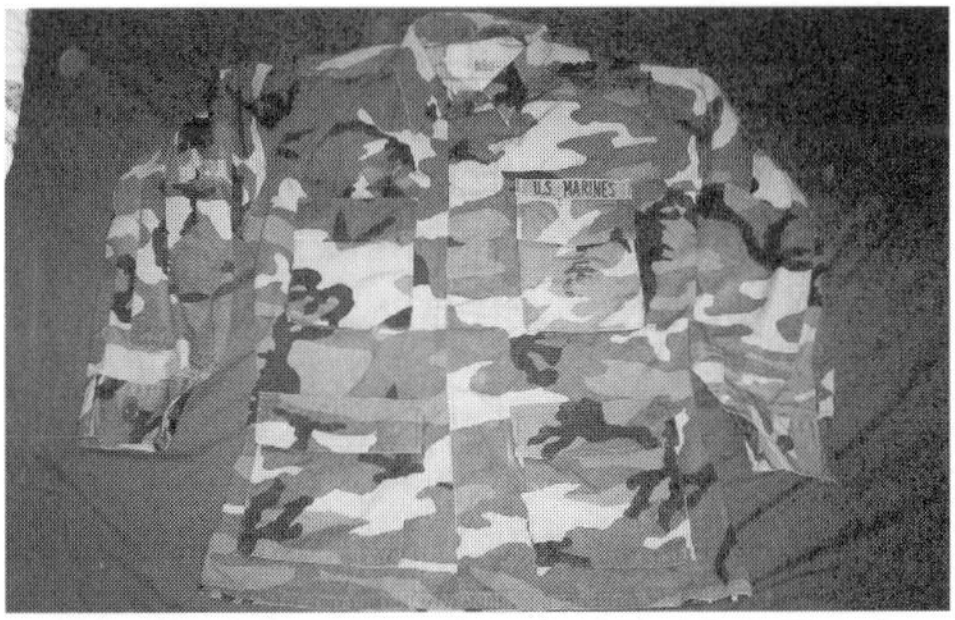

2012年に海兵隊で廃止された古い迷彩服（上と同じなのが分かる）
（https://en.wikipedia.org/wiki/Battle_Dress_Uniform）

海兵隊が現在使用している迷彩服
（https://en.wikipedia.org/wiki/Marine_Corps_Combat_Utility_Uniform）

バイデンの就任式に姿を見せた軍人は緊張感に欠けていますが、アンドリュース空軍基地でトランプ大統領を迎えた軍人は規律正しい姿勢を貫いています。

さらに、バイデン就任式直前のリハーサルで〝海兵隊員〟が着ていたユニフォームは、2012年に廃止された古い迷彩服でした。写真を見比べていただければ一目瞭然ですが、海兵隊が現在使用している迷彩服は、細かい絵柄です。本物の海兵隊員が2012年に廃止された迷彩服を着るはずがありません。この迷彩服を着ている人物は、海兵隊員の役を演じているアクターで、ホワイトハットの脚本に従って、「この就任式はお芝居で、バイデンは大統領ではない」と、軍人や退役軍人に教えるための役割を果たしていたのです。

前出の映画制作会社、キャッスル・ロックは、『アメリカン・プレジデント』（民主党大統領大活躍映画）制作時に大統領執務室のレプリカを建造。

https://westwing.fandom.com/wiki/Oval_Office?file=Ovaloffice.png

このセットは、その後テレビ番組『ザ・ホワイトハウス』（民主党大統領絶賛番組）、『インディペンデント・デイ』、ハリソン・フォードの『今そこにある危機』でも使われていて、本物そっくりです。

アトランタのタイラー・ペリー・スタジオにも本物そっくりのホワイトハウスと大統領執務

室があります。

https://tylerperrystudios.com/home/backlot/sets/white-house/

バイデンの大統領執務室と、本物の大統領執務室を比べてみましょう。95ページ上の写真の左が本物、右がバイデンの執務室です。

https://www.telegraph.co.uk/news/0/joe-biden-oval-office-decor-donald-trump-churchill-white-house/

バイデンの執務室は

https://truthout.org/articles/bidens-first-day-was-a-good-sign-lets-keep-up-the-pressure/

『アメリカン・プレジデント』の執務室

https://www.imdb.com/title/tt0112346/mediaviewer/rm3122897409/

と同じです。

バイデンが本物のホワイトハウスにいないことを示す写真やビデオも出回っています。

https://stillnessinthestorm.com/2021/01/is-the-biden-oval-office-a-castle-rock-set-piece/

https://www.debarelli.com/post/white-house-or-castle-rock-studios

https://www.youtube.com/watch?v=CQu-i4NsDvM

映画制作会社キャッスル・ロックが『アメリカン・プレジデント』（民主党大統領大活躍映画）制作時に作った大統領執務室のレプリカ

（https://westwing.fandom.com/wiki/Oval_Office?file=Ovaloffice.png）

（https://truthout.org/articles/bidens-first-day-was-a-good-sign-lets-keep-up-the-pressure/）

トランプの本物の大統領執務室と、バイデンの偽の大統領執務室の比較

（https://www.telegraph.co.uk/news/0/joe-biden-oval-office-decor-donald-trump-churchill-white-house/）

実際の『アメリカン・プレジデント』での１場面
（https://www.imdb.com/title/tt0112346/mediaviewer/rm3122897409/）

絨毯の柄が映画のセットの偽執務室と同じことが一目瞭然
「バイデン、お前の執務室は撮影スタジオじゃないか！」

他に記者会見用の簡易執務室セットも存在する

（https://nypost.com/2021/10/07/president-biden-mocked-over-fake-white-house-set/）

（https://www.newsweek.com/why-white-house-built-fake-oval-office-joe-biden-1636616）

副大統領時代のバイデンと2020年以降の偽バイデンは、顔もサインも全然違う！

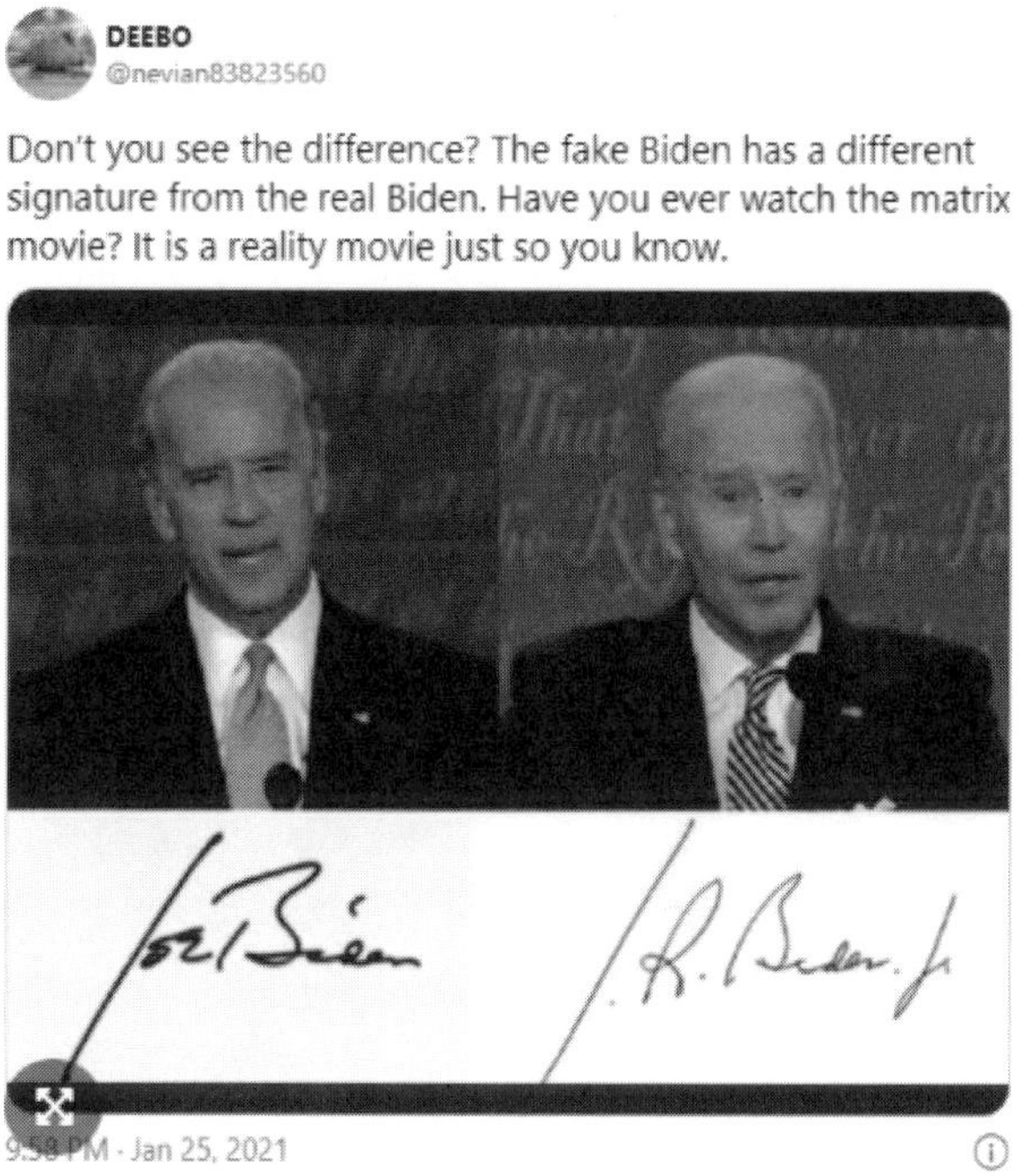
DEEBO
@nevian83823560
Don't you see the difference? The fake Biden has a different signature from the real Biden. Have you ever watch the matrix movie? It is a reality movie just so you know.
Jan 25, 2021

（https://misbar.com/en/factcheck/2021/01/30/commotion-joe-biden%E2%80%99s-signature）

2021年10月には、より多くの記者が入れるように、という配慮から、バイデン政権が大統領執務室のセットを作って、そこで記者たちに取材をさせていたことが明らかになりました。

https://nypost.com/2021/10/07/president-biden-mocked-over-fake-white-house-set/

https://www.newsweek.com/why-white-house-built-fake-oval-office-joe-biden-1636616

副大統領時代のバイデンと2020年以降のバイデンは、顔もサインも全然違います。

https://misbar.com/en/factcheck/2021/01/30/commotion-joe-biden%E2%80%99s-signature

Q エアフォース・ワンに乗れないバイデン

2021年1月以降、常に300機以上の軍隊の飛行機がアメリカの上空を飛び交っていることを、航空機の動きを追うポッドキャスター、モンキー・ワークスが伝え続けています。

グローブマスター、ハーキュリーズ、ストラトタンカーは、1時間飛ばすのに7万ドルかかります。戦闘機は約3万ドル、一番経費が安いナイトウォッチも、1時間飛ばすには1万ドルかかります。さらに、州兵の飛行機が州境を超えて飛び、ポセイドンなどがアメリカの領海を越えて飛行し、グワンタナモ湾の収容所に立ち寄る飛行機もあります。州兵の飛行機が州境を超えて航空訓練をすることは禁じられています。

そのため、軍人一家で育ち、軍産複合体で働いていたモンキー・ワークスも、彼のポッドキャストを見ている退役軍人たちも、「これが単なる飛行訓練であるはずがない」と断言。上空でQを描く飛行機もあったので、彼らは皆、「ホワイトハットがカバールの悪者捕獲作戦を展開し、汚職政治家などをグワンタナモ湾の収容所に輸送しているのだろう」と推測していました。

2月6日に、バイデンが初めて乗った飛行機は、エアフォース・ワンではなく、副大統領用のエアフォース・ツーでした。大統領が乗る飛行機は、機種に関係なく、どれもエアフォース・ワンと呼ばれるので、大手メディアは「バイデンがエアフォース・ワンに乗った」と報道しましたが、トランプ支持者は「やはり軍隊は偽バイデンを無視してる！」と確信しました。

さらに、2月8日に撮影された左記のビデオをご覧になってください。

https://www.youtube.com/watch?v=EPDeV6veo3s
この日、バイデンを空港に運んだ車は大統領専用車のビーストではなく、車体がへこみ、傷跡がある車でした。しかも、シークレット・サービスの人間が、ブルー・ジーンズを履いているではありませんか！　シークレット・サービスのドレス・コード（服装規制）に、要人の護

エアフォース・ワンに乗れないバイデン

バイデンが乗ったエアフォース・ツー
（https://www.axios.com/2021/02/06/bidens-first-af1-flight-president）

トランプ大統領が2021年1月20日に乗った
本物のエアフォース・ワン
（https://simpleflying.com/trump-last-air-force-one-flight/）

大統領専用車ビーストにも乗せてもらえないバイデン

バイデンが乗った車体がへこんだ偽のビースト
(https://www.youtube.com/watch?v=EPDeV6veo3s)

本物のビースト
(https://autojosh.com/the-beast/)

衛担当者の服装は特殊な場合（一緒に水泳をする、など）以外はビジネス・スーツと規定されています。

エアフォース・ツーの真ん中のドアに設置されたバイデン用の階段には赤いカーペットが敷かれず、機体後部のドアに設置された同行記者団用の階段に赤いカーペットが敷かれていました（本物の大統領は、副大統領専用機を使う場合も機首の近くにあるドアから搭乗します）。これも、〝バイデンは偽物だ！〟と知らせるために、空軍とシークレット・サービスが仕掛けたサイオプでした。

ちなみに、この後も、シークレット・サービスは折に触れて、カーキ色のカジュアルなズボンというあり得ない服装で偽バイデンを〝護衛〟しています。

Q バイデンが偽物であるこれだけの証拠

2021年4月16日に〝ホワイトハウス〟で開かれた記者会見の最中、ジェット機の轟音《ごうおん》が響き、ジェン・サキ報道官が「これは飛行機が上空を飛んでいる音です」と説明し、数分後にUSAトゥデイが「記者会見中、ホワイトハウスの上空をF‐22が飛んでいた」と、報告しました。大手メディアは何一つ後追い報道をしませんでしたが、退役軍人たちは、「これも、バイデンが偽物だと知らせるホワイトハットのシグナルだ！」と理解しました。連邦航空法で「ワシントンDCの半径30海里の上空は飛行制限区域」と定められているので、〝上空を飛行機が飛んだ〟理由は左記の2つしかありません。

1　記者会見が行われている〝ホワイトハウス〟はワシントンDCに存在しない。

2　バイデンが本物のホワイトハウスに居たとしてもホワイトハウスの上空を守る必要がない。

どちらにせよ、バイデンが偽物だと示す証拠です。サキも偽バイデンも、ホワイトハットの台本に従って、シープルを起こすために、わざと愚かな言動をひけらかしているです。

バイデンは選挙キャンペーン中も大統領になってからも、「グワンタナモ湾の収容所を閉鎖する」と何度も言っていましたが、収容所は増築され、証人が生中継でリモート証言できる新しい法廷が建設されました。退役軍人たちは、これもバイデンが本物の大統領ではない証拠だと察知しました。大統領は軍の最高司令官でもあるので、米軍の管轄下にあるこの収容所を閉鎖できないはずがありません。さらに、バイデンが本物だったら、自分の罪（反逆罪）を暴く裁判を行うための法廷をわざわざ建設するわけがありません。2021年12月29日に、ニューヨーク・タイムズ紙が「新しく建造された法廷で2023年に裁判が始まる！」と書いていたので、元軍人たちは2023年にはカバールの悪事が暴かれるだろう、と期待しています。

2021年4月24日、トランプ大統領がホワイトハウスから去る寸前に、それまで使われていなかった何百万個ものペンタゴンのＩＰアドレスがフロリダのグローバル・リサーチ・システムという会社で使われ始めたことが発覚。発表されたＩＰアドレスの最初の7桁は11.11.18.11.11.180でした。２０１９年11月11日のＱのインテル・ドロップに、「国防省経由アメリカは再び統一される」と記されていたので、トランプ支持者は、ペンタゴンのサイトを使って真実が開示されるのかもしれない！、と期待しました。

２０２１年5月19日、バイデンは、エアフォース・ワンの階段で3度も転びました。まるで、バイデンのマスクをかぶったジム・キャリーの芝居そのもので、これも「すべてが芝居だ」と知らせるためのシグナルでした。

２０２１年8月16日、アフガニスタンで、アメリカ人や亡命希望者を乗せた飛行機にアフガン人たちがしがみつき、飛び立った飛行機から数名が落下して死亡した、と報道されました。退役軍人たちは、この映像を見て、「ＣＧか飛行機型風船を使ったサイオプだ！」と察知しました。まず、飛行機の機種がＣ‐17（Ｑの数字）です。窓が黒く塗りつぶされているのもヘンです。エンジンのすぐ後ろにいる人々が吹き飛ばされないのは、物理的にあり得ないことです。飛行機が上空１００メートルに達するまで、機体にしがみついていられる人間がいるはずがありません。

すでに目覚めた人々は、この飛行機の番号が１１０９であることも見逃しませんでした。数字にこだわるカバールにとって119と911はパワー・ナンバーなので、「ホワイトハットが911の逆の数字を使って（カバールはゼロは数えません）、カバールのパワーに挑戦しているのだろう！」、と思って、ほくそ笑みました。

2021年9月には、トランプ大統領が2019年に発した大統領令に沿う形で、クウァンタム・イニシアティヴの公式サイト quantum.gov が立ち上げられました。クウァンタム・イニシアティヴを取り仕切る21機関のうち17機関が米軍関連機関だったので、退役軍人たちは、「これは明らかにトランプ大統領がまだ実権を握っている証拠だ！」と、確認しました。

2021年9月7日、バイデンは、トランプ大統領が発した〝外国によるアメリカの選挙干渉を国家安全保障に対する深刻な脅威として、厳しく罰するための大統領令〟の有効期限を1年延長しました。外国の干渉のおかげで不正選挙を遂行できたバイデンが真に大統領だったら、自分の首を絞める大統領令の有効期限をわざわざ延長するはずがありません。

2021年9月9日、ワシントンの道をシークレット・サービスの護衛なしに歩くバイデンの姿を写したビデオがSNSで話題になりました。「あんた、そっくりさんでしょ！　本物のジョーはどこにいるの？」と叫ぶ女性に、バイデンは両腕を挙げて、おどけた格好を見せた後、早足で立ち去っています。

https://www.bitchute.com/video/N6uBiEQQRFOs/

2021年9月11日、バイデンは、ペンシルヴァニア州のシャンクスヴィルで行われた9月11日の同時多発テロ20周年の式典に出席しました。このテロは、〝アルカイダのテロリストがユナイテッド航空93便を乗っ取った後、乗客の中の勇士がテロリストと闘い、飛行機をシャンクスヴィルに墜落させ、犯人4人を含む44人が死んだ〟、ということになっています。バイデンは式典の後、列席者と笑顔で写真を撮りました。その中には TRUMP、MAKE AMERICA GREAT AGAIN と刺繍《ししゅう》された野球帽をかぶった少年少女、及び、トランプ大統領の似顔絵に BE BACK「戻ってくる」とプリントされたTシャツを着た少年が混じっていました。子どもたちもバイデンも笑顔を振りまいています。さらに、左後ろのロッカーの上にある段ボール箱には〝Q〟という文字が印刷されていました!

これはホワイトハットの仕込み以外の何物でもありません!

アメリカ最大の悲劇の20周年、98便の40人の命日に、トランプ支持者と一緒に笑顔で写真を撮る――これは、9・11が偽旗工作で、シャンクスヴィルに飛行機が墜落した、というのが大嘘であることを教えるための目覚まし作戦の一環です。墜落直後に現場を訪れたシャンクスヴィル市長も地元の新聞記者も「飛行機の破片も死体も無かった」と言っていました。〝翼が地面にめり込んだ跡〟とされる穴は、1984年から存在し、〝墜落の衝撃で開いた深い穴〟は爆弾投下によるものだったことを示すビデオも、2020年に再登場しました。しかし、勇

MAGA（Make America Great Again）の帽子をかぶった子供たちと笑顔で写るバイデン

（https://www.dailymail.co.uk/news/article-9985887/Biden-poses-pictures-MAGA-kids-9-11-memorial-Shanksville.html）

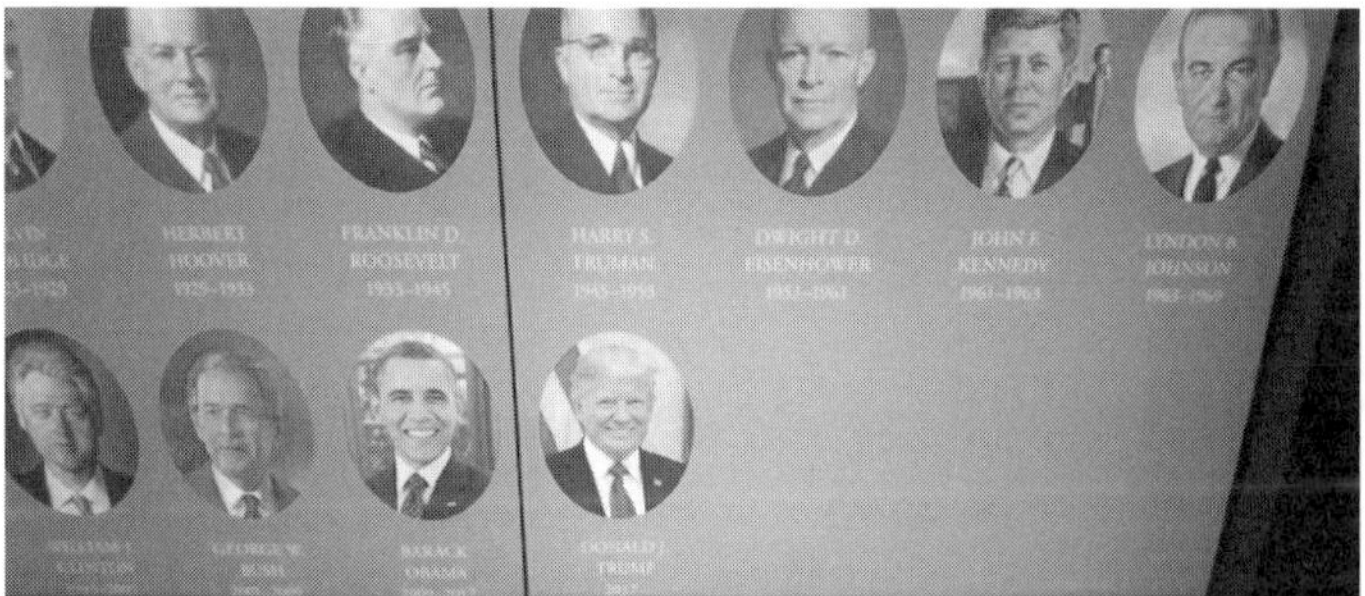

バイデンの写真が載っていない歴代大統領一覧パネル（ホワイトハウス見学センター）（https://www.youtube.com/watch?v=jtRJJuxAQ7I）

士の美談が映画化され、いまだに多くの人々がハリウッドのサイオプに騙されています（詳細は『ハリウッド映画の正体』参照）。

２０２１年12月22日、ホワイトハウスの見学センターに展示されている歴代大統領の肖像画／顔写真に、バイデンの写真が載っていないことが分かりました（左記のＵＲＬのビデオの７分から７分20秒）。

https://www.youtube.com/watch?v=jtRJJuxAQ7I

２０２２年１月15日、アリゾナで開かれたトランプ大統領のセイヴ・アメリカ・ラリー（アメリカ救済集会）で、スピーチ終了後にソウル・ミュージックの大ヒット、〝ホールド・オン、アイム・カミング〟が流れました。それまでの集会では、退場時の音楽はディスコ・ソングの〝マッチョ・マン〟でした。〝ホールド・オン、アイム・カミング〟は、「悲しむな、辛いときは僕に頼るがいい、落ち込んだ日、苦悩の川で溺れそうになったときも、持ちこたえろ、僕が（助けに）行くから、待ってろ、僕が駆けつけてあげる」という歌詞です。これを聞いて、トランプ支持者たちは、トランプ大統領が「復帰するまで持ちこたえろ！」とシグナルを送っている、と確信しました。

２０２２年５月、荷物を持ったバイデンが、空港でタクシーに乗る姿がＳＮＳで拡散されました。アメリカの大統領が、自分で荷物を持ってタクシーに乗るなど、通常の世界ではあり得ないことです！
２０２２年6月18日、自転車に乗ったバイデンが、道ばたにいた数十人の人々の前で転ぶビデオがＳＮＳやフォックスで話題になりました。小さな群衆の前に立った数人のシークレット・サービス・エージェントには、まったく緊張感がなく、〝大統領を守っている〟という雰囲気ではありませんでした。
２０２２年7月23日、「アレクサ、ジョー・バイデンが自転車で転んだ場所はどこ？」という質問に、アレクサ（アマゾンのＡＩ）が「ジョー・バイデンは国立海軍医療センターで死にました」と答えている映像がＳＮＳを席巻。これを見た50人以上の人々が、同じ質問をして、同じ答えを得ている映像をＳＮＳに掲載しましたが、ほぼすべて消去されました。
アーカイヴ・サイトに保管されたもののリンクは、こちらです。
https://web.archive.org/save/https://www.bitchute.com/video/HQpb5nyPMUDP/
https://web.archive.org/web/20221226221658/https://www.bitchute.com/video/8xnqPKBGIm4S/
ファクトチェック機関の1つは、「２０１５年に死んだボー・バイデン（ジョー・バイデンの長男）と聞き間違った」と言い訳しましたが、ボー・バイデンが死んだ場所はウォールター・リード陸軍病院です。他のファクトチェック機関は、「単なるコンピュータのエラーで、すでに直された」と切り捨てましたが、おもしろすぎるエラーなので、目覚めた人たちは「ホワイトハットが大覚醒作戦の一環として仕組んだトゥルース・ボム（真実爆弾）だったのだろう」と思いました。

ちなみに、私はアレクサが真実を言ってしまったのだと思います。2021年に、ありとあらゆる情報を入手・保管しているNSA（国家安全保障局）が100億ドルでアマゾンのクラウド・サービスを使う契約を結びました。ですから、アマゾンもNSAが隠蔽している情報にアクセスできて、アレクサは公にされていない情報をつい口走ってしまったのではないでしょうか？　アーカイヴ・サイトに保存されたビデオには含まれていませんが、当時は、「ジョー・バイデンはまだ生きてるの？」という質問に、アレクサが「まだ生きています。現在79歳です」と答えているビデオも投稿されていました。

つまり、アレクサは、「ジョー・バイデンはまだ生きてるのか？」という予測可能な質問に対する答えにはオフィシャルな答えを出すようにプログラムされていたので、〝正しい〟答えを出せました。しかし、「どこで転んだの？」は、予想外の質問だったので、正しい答えを与えようとして、NSAが持っているジョー・バイデンに関する情報にアクセスして、事実を吐き出してしまったのではないでしょうか？

なにはともあれ、このビデオがシープルたちの潜在意識に「今、テレビに出てるバイデンは

マリーン・ワンにも乗せてもらえないバイデン

バイデンが乗った小型ヘリコプター
（https://www.inkl.com/news/awkward-video-shows-biden-stuck-in-his-jacket-as-he-s-forced-to-ask-jill-for-help）

トランプ大統領が乗ったマリーン・ワン、シコースキーVH-92
（https://www.jba.af.mil/News/Article-Display/Article/1061504/president-trump-boards-air-force-one-at-jba/）

偽物かもしれない」というアイディアを刷り込んだことは事実です。

2022年8月8日、マリーン・ワンから降りたバイデンが、ジャケットを着られず、奥さんに助けてもらってやっと着た後に、サングラスを落とす光景が、フォックス・ニュースやSNSで拡散されました。バイデンのドジな姿をフィーチャーしたと思われるこの映像の真の主役は、マリーン・ワンの前に立つ2人の海兵隊員でした。2人ともくすんだグリーンの飛行服を着ていて、しかも1人はベルトをつけ、もう1人はベルトをしていません。

大統領を出迎える海兵隊員の服装は、ブルー・ドレス・チャーリー・ユニフォーム（紺のジャケットに白いベルト、ブルーのズボン、白い帽子）と決まっています。厳しい規律に従うことを要求される海兵隊員が、過ちを犯すはずがありません。

これは、バイデンが偽物だ、と知らせるお芝居でした。偽バイデンは、ホワイトハットのシナリオに従い、わざとジャケットを着られないふりをして、サングラスを落とし、〝ドジなバイデン〟の寸劇を演じ、飛行服を着た海兵隊員の姿がハッキリ見える映像が保守派の間で話題になるように仕組んだのです。

さらに、トランプ大統領は2018年に完成した新型のマリーン・ワン、シコースキーVH-92に乗っていましたが、バイデンが使っているのは小型のヘリコプターです。

バイデンとトランプ大統領を迎える海兵隊員、及び、2種類のヘリコプターの写真を比べてみれば、バイデンが偽物だと一目で分かります。

2022年8月15日、米軍のすべての衛星通信管理が宇宙軍の管轄下に置かれることになりました。トランプ大統領が、信頼できる軍人を選りすぐって新設した宇宙軍が、あらゆる情報を一手に掌握することになったのです。もうカバールの出る幕はありません！

2022年9月1日、バイデンは、フィラデルフィアで行ったスピーチで、「MAGA共和党支持者は憲法を尊重せず、国民の意思を無視して、自由選挙の結果を否定し、民主主義を卑劣な手段で攻撃する危険な存在だ！」と力説し、トランプ支持者への敵意を煽りました。

夜、屋外で行われた演説だったので、全体が暗く、バイデンの背後が赤いライトで照らされていて、黒と赤のコントラストが悪魔的でした。バイデンの後ろには海兵隊の軍曹と伍長が立っていましたが、彼らは上級下士官以上のランクの人間のみが着ることを許されているブルーのジャケットと白いズボンという制服を着ていました。これまた、規律を重んじる海兵隊員がこのようなミスを犯すはずがありません。

フィラデルフィアの語源は、古代ギリシア語のフィロス（親愛）＋アデルフォス（兄弟）です。〝兄弟愛の街〟というニックネームで知られるこの街で、敵意を煽る演説をする、というコントラストも、バイデンが偽物であることを知らせるためにホワイトハットが仕組んだサイ

ドレスコードを間違えた海兵隊員が背後に立つバイデンのスピーチ（2022年9月1日）

（https://www.vox.com/policy-and-politics/2022/9/2/23334115/biden-maga-republicans-pennsylvania-speech）

2022年9月17日、トランプ大統領のアメリカ救済ラリーで使われた星のない星条旗

（https://trusttheq.com/no-deals-the-starless-us-flag-at-the-9-17-22-oh-trump-rally-comms/）

オプでした。

まだまだあるぞ、〝偽〟バイデンの証拠

2022年9月17日、合衆国憲法の日にオハイオで行われたトランプ大統領のアメリカ救済ラリーでは、星のないアメリカ国旗が使われていました。

星条旗の星は州の数、赤と白の13本のストライプはオリジナルの13の植民地の象徴です。故に、軍人、退役軍人、軍規を知る人々は、「これは、アメリカがいまだにイングランドの植民地だ、という意味で、トランプ大統領は〝今こそ独立のために闘う時が来た！〟と旗信号で合図を送っているのだ！」と解釈しました。

2022年9月19日、エリザベス女王の葬式に行くバイデンの車が、ロンドンの交通渋滞で立ち往生している映像が、SNSで話題になりました。道路を警備しているのは数人の交通巡査だけで、その気になればバイデンの車に簡単に近づける状態でした。弱小国のリーダーじゃあるまいし、本物のアメリカ大統領を乗せた車が交通渋滞にひっかかることなど、あり得ません。

2022年10月8日、ネヴァダで行われたアメリカ救済ラリーで、それまで禁じられていた

大統領の紋章のない演題でスピーチするバイデン
（ワシントン DC 、コロンバス・クラブ、2022 年 11 月）

（ https://www.yahoo.com/news/biden-warns-election-deniers-pose-132729386.html ）

2018 年 11 月、フランスで演説したトランプ大統領の演題には紋章がある

（ https://www.cnn.com/politics/live-news/trump-paris-ww1-nov-18-intl/index.html ）

発売後すぐに売り切れたトランプ・カード

薄っすらと「47」と「17」の数字が見えるゴルフのカード
（https://collecttrumpcards.com/）

トランプ・カードには他にもさまざまな種類があった
左はフットボール、右はボクシングのカード

Qの関連グッズの販売が解禁されました。

２０２２年10月22日、テキサスで行われたアメリカ救済ラリーには、17本の星条旗が飾られていました。トランプ大統領は、「選挙まであと17日」と、17という数字を強調し、指で宙にQと書きました。Qはアルファベットの17番目の文字で、17はゲマトリア（ヘブライ語の数秘学）で「方向転換、反転」を意味します。

トランプ大統領は、ちょうどテキサス時間の8時、東部時間9時に、カバールがでっち上げた議事堂侵入罪に関する話を始めました。そのとき、観衆がアメリカ国歌を合唱し始め、トランプ大統領は演説を中断して、感動した表情で国歌を聴き、合唱が終わった後、観衆は熱狂的にＵＳＡ！ＵＳＡ！と叫びました。これは、〝議事堂侵入〟という無実の罪を着せられて投獄されている人々を励ますために、獄中のトランプ支持者と外にいるトランプ支持者たちが毎晩、東部時間の9時にアメリカ国歌を歌っていることに敬意を表した行動でした。

また、普段はイタリア製のネクタイをつけているトランプ大統領が、珍しくネクタイをしめていなかったので、退役軍人たちは、「これは反転のための力仕事、作戦行動が本格的に始まった、という合図だ」と受け止めました。

２０２２年11月2日、バイデンは、ワシントンＤＣのコロンバス・クラブで演説しましたが、演台に大統領の紋章がついていませんでした。この後も、バイデンは何度も大統領の紋章がついていない演台を使っています。バイデンとは対照的に、トランプ大統領は、フランスでスピーチをしたときも、演台にはしっかり大統領の紋章がついていました。これも、バイデンが真の大統領ではないことをヴィジュアルに示す合図でした。

２０２２年11月15日、トランプ大統領、出馬宣言。スピーチの中で、「中間選挙で、下院では共和党が多数党になったので、ペロシはクビになり、she's on her way to another country right now、今、他の国に向かってる」と、発言。モンキー・ワークスが、「グワンタナモに飛行機が飛んでいる」と言っていたので、退役軍人たちは「ペロシはグワンタナモに送られたのだろう」と、ほくそえみました。

２０２２年11月17日、バイデンは就任以来、サイバー作戦の管轄を国防省から国務省に移そうと画策してきましたが、縄張り争いで国務省が敗れ、サイバー作戦はトランプ政権時代の割り振りを踏襲して国防省が仕切ることになりました。これも、退役軍人たちは、「トランプ派の軍人が主導権を握っていることの証拠だ」と受け止めました。

２０２２年11月29日、バイデンの護衛を務めるシークレット・サービスが借りたレンタカー5台が、返却後に爆発炎上する事件が起きました。いやしくもアメリカの大統領を護衛するシークレット・サービスが、レンタカーを借り、借りた車が炎上するとは！　これまた、バイデンが本物の大統領ではないことを分からせるために、ホワイトハットがノーミー（現状に疑問を抱かない鈍い人）たちに与えたヒントでした。

２０２２年12月5日、バイデンがウクライナに送ったハイマース（高機動ロケット砲システム）の射程距離を、発送前に米軍が密かに改造して短縮し、ロシアに届かないようにしていたことが発覚しました。退役軍人たちは、「やっぱり軍はトランプ大統領の支配下にあり、カバールが起こそうとしている核戦争を阻止している！」、と拍手を送りました。

２０２２年12月9日、軍用機の1機がSHOOT44「44を撃て」（オバマは第44代大統領）というコール・サインを使っていることが分かり、退役軍人たちが大笑いしました。

２０２２年12月15日、トランプ大統領、デジタル・トランプ・カードを発売。

ちょうど１７００（セヴンティーン・ハンドレッド）日前（17はQの数字）の２０１８年4月20日、Qが TRUMP card coming.「トランプ・カードが来る（切り札が出される）」と伝えていました。さらに、Qは２０１９年5月3日のインテル・ドロップで、At what stage in the game do you play the TRUMP card ?「トランプ・カード（切り札）はゲームのどの段階で使うのか?」と問いかけていました。切り札を使うのは、ゲームが最終段階に入った時点なので、トランプ支持者たちは、善と悪の闘いが終盤戦に突入した！、と確信しました。

あっという間に売り切れたこのカードにも、さまざまなメッセージが込められていました。一例を挙げると、ゴルフをしているトランプ大統領の左側には47、右側には17という数字がうっすらと描かれています。17はQのナンバーで、47は、トランプ大統領が第47代大統領になる、と暗示するものでした。

この6時間後、トランプ大統領は、言論の自由を守り、デジタル権利章典の確立を求めるスピーチをトゥルース・ソーシャルにアップロードしました。以下、要点です。

●就任後数時間以内に（within hours of my inauguration）、連邦省庁が、いかなる組織、企業、個人であろうともそれらと共謀して、アメリカ市民の合法的な言論を検閲、制限、分類、妨害することを禁ずる大統領令に署名する。

●大統領就任時に（upon my inauguration as president）、大手オンライン・プラットフォームから検閲権を削除するためのセクション230改正法案を私のデスクに送るよう議会に要請する。

●検閲や選挙妨害を行った大学は5年間、あるいはそれ以上、連邦研究費と連邦学生ローンの支援を受ける資格を失うべき。

●FBI、CIA、NSA、DNI、DHS、DODの職員が、膨大な量の合衆国のユーザーデータを保有する企業への再就職・転職を許される前に、7年間の冷却期間を設けるべき。

●私が大統領になった時点で（When I'm president）、この腐敗した検閲と情報統制はアメリカ社会から完全に跡形もなく排除される。

トランプ大統領が、「もし私が大統領になったら」If I'm elected president という仮定法ではなく、大統領になることを大前提とした言葉遣いをしていたので、愛国者たちは「トランプ大統領のカムバックが確定した！」と察知しました。

こうしてホワイトハットが折に触れてヴィジュアルで分かりやすいシグナルを送り、トランプ大統領が国民を励まし続けたおかげで、好戦的で愛国心溢れる退役軍人たちが武器を取ってカバールに立ち向かうことを防止できたのです。

第5章　中国の干渉

What did POTUS receive while visiting China?
Where did POTUS dine?
What is the significance?
What if China, Russia, and others are coordinating w/ POTUS to eliminate the NWO?
Q

中国訪問中、大統領はどんな待遇を受けたか？

大統領はどこで夕食をとったか？

どんな意義があるのか？

中国、ロシア、その他の国々がＮＷＯ（新世界秩序）排除のために大統領とコーディネイトしているとしたら？

Q

トランプ大統領は、中国訪問中に、最高の貴賓《きひん》としての殊遇《しゅぐう》を受けました。習主席は、それまで外国人の立ち入りが一度も許されたことのない紫禁城《しきんじょう》にトランプ大統領夫妻を招いて、晩餐《ばんさん》会を開きました。これは、トランプ大統領に対する習主席の敬意の象徴か、習主席がトランプ大統領と共に戦う意思表明の行為だった、と言えるでしょう。

一方、プーティン大統領は、少なくとも2004年にはすでにカバールとディープステイトが悪魔崇拝者であると気づいていました。そして、この事実をロシア人の心に染みこませるために、「ロシア人の子どもたちが、黒魔術で世界征服を企むNATOのグローバリストと戦う」という筋書きの児童書、Дети против волшебников（子どもvs魔法使い）を出版させました。ハリー・ポッターのロシア版のようなこの作品は、ロシア人の子どもたち全員が読むほどの大ヒットになり、2016年にアニメと実写を混ぜて動画化されてテレビで放送されました。この番組も大ヒットになったので、若い世代のロシア人は、西側の悪魔崇拝者と戦うことは、人類（とりわけ東方正教信者）の信仰心と自由を守るための義務だ、と信じています。

中国とロシアがトランプ大統領に協力しているのは、それぞれがチャイナ・ファースト（中国の国益優先）、ロシア・ファースト（ロシアの国益優先）というスタンスに立って、共通の敵であるカバールを倒したいからです。

Q 中国を使ってアメリカを弱体化させるカバール

1945年に中国をIMFと世界銀行の借金奴隷にしたカバールは、1970年代から、ワン・ワールド実現のための最大の障害であるアメリカを倒すために、中国を使ってアメリカの経済を弱体化させ、アメリカを共産主義化する計画を実行に移しました（詳しくは拙著『カバールの正体』参照）。

まず、中国は1972年に、中国人の移民が多いサンフランシスコにチャイニーズ・プログレシヴ・アソシエイション華人進歩会を設立しました。華人進歩会は、〝労働者の権利拡大〟、〝貧富の差是正〟などのスローガンのもとに非白人を団結させ、社会主義に賛同する民主党候補者をリクルートして次々に当選させました。こうしてベイ・エリアは一気に社会主義化しました。華人進歩会の支援を得て政治家に成り上がったのが、ナンシー・ペロシ、カリフォルニア州知事のギャヴィン・ニューサム、カマラ・ハリス、ダイアン・ファインスタイン（全員民主党）です。

サンフランシスコ市長から上院議員になったファインスタインは、上院司法委員会のメンバーで、中国に好都合な法律を通してくれることで知られています。クリントン政権時代に中国からの政治献金が問題になったとき、中国からもらった1万2000ドルを返金しましたが、アメリカ人を介して中国からもらったカネは、膨大な額になると思われます。ファインスタインの夫は投資家で、中国とアメリカ企業の橋渡しをするブローカーとして、1996年から2018年までの22年間で、分かっているだけでも1億ドルは儲けています。おかげで、ファインスタインはサンフランシスコにある1700万ドルの豪邸に住み、ハワイにも500万ドルの別荘を持っています。2013年には、当時、上院情報委員会委員長を務めていたファインスタインが20年にわたって雇っていたスタッフ、ラッセル・ローが中国のスパイだったことが発覚しましたが、彼女は2015年まで委員長の座に居座り、その後、2017年まで副委員長を務めました。

ペロシも、1981年にカリフォルニア州の民主党本部長になり、1987年に民主党下院議員になって以来、約40年に渡って、夫がインサイダー取引や中国への投資でボロ儲け。ペロシの資産総額は3億1500万ドルで、ナパ・ヴァレーにある2500万ドルの豪邸で優雅な暮らしをしています。ちなみに、2020年2月半ばには、ペロシがコロナウイルスに関する極秘情報を入手した直後、夫がハイテク企業の株を買いあさり、どの企業もロックダウンのおかげで株価が大幅に上がりました。

CIAから情報を入手できる下院情報特別委員会のメンバーとして、ロシア疑惑を拡散したエリック・スウォルウェル下院議員は、肉体関係を持った中国人女スパイのファン・ファンが行う資金調達のおかげで繰り返し当選していました。

中国はベイ・エリアを拠点として、アメリカ各地に社会主義普及のための組織を作り、1972年には、ボストンにチャイニーズ・プログレシヴ・アソシエイション華人前進会、198

５年には、黒人とヒスパニックを社会主義化するためのフリーダム・ロード・ソーシャリスト・オーガニゼイション（フリーダム・ロード社会主義組織）が設立され、メンバーたちがマイノリティや社会主義思想の政治家を州議会や連邦議会に送り込んでいます。

こうした中国系の組織に属する人々が発したトランプ・バッシングのコメント（「トランプは現代のヒットラー！」、「白人警官が黒人を殺してる！」など）は、とりわけアメリカの若い世代に人気がある中国のＳＮＳ、ＴｉｋＴｏｋで大々的に拡散されました。

１９９９年、フリーダム・ロードの分派、レフト・レファウンデイションが誕生し、この組織は２０１９年にリバレイション・ロードと改名されました。

これらの組織は、選挙の度《たび》に共和党と民主党の有権者数が拮抗《きっこう》する州に大量の人員を送り込んで大規模な選挙活動を展開して、中国に好意的な候補を当選させています。

２０１６年のノース・キャロライナ州知事選では、再選されると思われていた現職のマクロリー共和党知事が僅差《きんさ》で敗れ、リバレイション・ロードの全面的支援を受け、「中国の企業を誘致する」という公約を掲げた民主党のロイ・クーパーが当選しました。選挙前日、ノース・キャロライナ州の最大のダーラム郡で投票機がハッキングされていました。

華人進歩会のメンバー、アレックス・トムが設立したシード・ザ・ヴォート（投票の種まき）という団体も、中国に友好的な候補を当選させるために大活躍しています。トムはＢＬＭのアリシア・ガーザと20年来の親友です。2人はカリフォルニア大学サンディエゴ校で社会主義普及活動をしていました。

中国の支援を受けたこれらの組織は、左記の事項を目的として掲げています。

●非白人の権利を拡大し、黒人に奴隷制度賠償金を払い、不法移民に市民権を与える
●金持ちに重税を課して、福祉を大幅に拡張し、政府が学費や健康保険費を負担
●警察を廃止し、軍事予算大幅削減
●クリティカル・レイス・セオリー（すべての白人は人種差別主義者だ、という仮説）、LGBTQ推進教育を義務化して、トランスジェンダー手術に反対する親を罰する
●化石燃料廃止

民主党の政策と完全に一致する彼らのゴールは、アメリカ経済破綻、人種間・性別間のいがみ合い、軍隊弱体化、つまり、アメリカを内側から破壊することです。

次に、中国人民大学国際関係学部のディン・ドンシェン副学部長が2020年11月28日の講習会で行ったスピーチの一部をご紹介しましょう。

「バイデンが選挙に勝った今、ウォール街と密接な関係を持っている伝統的なエリート、政界のエリート、既成勢力が戻ってきたのです。トランプも言っていたことですが、バイデンの息子は世界中に証券会社を持っています。バイデンの息子が経済的基盤を築く手助けをしたのはいったい誰だと思いますか？　私の言いたいこと、お分かりですよね？　さまざまな売買、取引が行われたのです。（観衆、笑いながら拍手）ですから、この特別な時期（バイデンが選挙に勝った今）に、バイデンに好意を示すことは、戦略的にも戦術的にも価値があると思います」ドンシェンは、「バイデンの息子が金持ちになるのを助けてあげたのは中国だ！」と言っているのです。

バイデン政権で上級顧問を務めるアニタ・ダンは、カーター政権時代から40年に渡って6人の民主党大統領・大統領候補のアドヴァイザーとして活躍し、一貫して社会主義的な政策を推奨し続けています。オバマ政権時代はホワイトハウス広報部長を務め、ホワイトハウスのクリスマス・ツリーに毛沢東の写真を飾っていました。

Q 〝超限戦〟とは何か

1999年に中国人民解放軍の2人の大佐、喬良《きょうりょう》と王湘穂《おうしょうすい》が書いた『超限戦——中国のアメリカ破壊基本計画』という戦略研究書も見逃せません。

まず、超限戦の定義に関する記述を見てみましょう。

「金融システムを使って一国の経済を破壊することは戦闘行為と見なされるだろうか？ モガディシュで殺された米兵の死体をCNNが報道したことで、世界の警察官としてのアメリカ人の決意が揺らぎ、戦争の進路が変わっただろうか？ こうした非戦闘的行為が将来の戦争を形作る新たな要因になる。このような境界や限界を超えた戦争を、我々は超限戦（制限を超えた戦争）と名付けた」

財政戦争に関しては、こう書かれています。

「アルバニアの混乱を分析すると、国家予算に匹敵する富を所有する多国籍組織や大富豪の財団が果たした役割が見えてくる。これらの財団はメディアをコントロールし、政府の抵抗を制限して、国家秩序を破壊し、合法的に承認された政府を崩壊させた。このような戦争を財団型金融戦争と呼ぶことにする。こうした戦争は今後さらに頻発し、激化するので、我々は正面から立ち向かわねばならない」

次に、2人の大佐が投げかけた疑問を見てみましょう。

「2国間の戦争において、後方の遠い場所にいる兵士の家族を標的にした心理戦を行う必要があるだろうか？　国家の財政を守るために、金融投機家を暗殺することは可能か？　麻薬などの密輸品を供給する地域を、宣戦布告無しにピンポイント攻撃してもいいのだろうか？　特別基金を設立して、ロビー活動を通じて他国の政府や議会に大きな影響力を行使することができるか？　株の購入や株式市場支配により、他国の新聞社やテレビ局をメディア戦争の道具として使うことができるか？（中略）

ソロスのような人物は、為替市場、株式市場、先物市場への投機で儲けている。メリル・リンチ、フィデリティ、モルガン・スタンレーなどは、世論操作で市場を操り、次々と身の毛もよだつような金融戦争を繰り広げている。これらの手段は、暴力的傾向があるものもあるが、軍事的なものではない。（中略）

現在の社会では、手段の有効性は、〝軍事的か、非軍事か〟、あるいは〝道徳的か、否か〟ではなく、〝目的達成のための最良の手段かどうか〟という基準で判断される。超国家的非軍事戦争においては、超えられない領域も、戦争に使えない手段もない」

最後に、孫子の兵法に匹敵する記述をご紹介しましょう。

「一方の当事者が他方の当事者に戦争をしかけ、他方の当事者が戦争状態にあることに気づかない場合、戦争をしていると知っている当事者が、ほぼ常に優位に立ち、勝利を収める。密かに戦争を始め、攻撃されている側が気づかないほど穏やかな攻撃を続ける、これが超限戦の戦略である」

これは、まさにカバールが今までやってきたことの集大成です。カバールの奴隷だった中国は、カバールから学び、カバールを越え、カバールを倒そうとしているのです。

Q 千人計画

次に、中国の千人計画の実態を見てみましょう。

2008年に始まった千人計画は、海外で活躍する中国人（華僑）や外国人の専門家（主に科学技術の分野の専門家）に多額の奨励金を与えて中国に呼び寄せる、という計画です。

中国は千人計画を使って、アメリカの科学技術を合法的、非合法的な手段で中国に持ちこんでいるので、2018年には国家情報会議（大統領のために機密情報を集めて長期的予測を行う諮問機関）が「千人計画は知的財産やノウハウを中国に不法に移転している」と、この計画を批判していました。

2020年1月14日には、MITのナノテクノロジー専門家、ガン・チェン教授が中国政府から密かに何千万ドルもの資金援助を受けていたことが発覚し、逮捕されました。2週間後の1月28日には、ハーヴァード大学化学・化学性武具学部長でナノテクノロジーの権威、チャールズ・リーバー教授が、中国の千人計画から多額の資金をもらっていることを隠していた罪で逮捕されました（ナノテクノロジーは、生物兵器開発にとって欠かせないテクノロジー）。その後も、ウェスト・ヴァージニア大学の物理学教授で石炭転換技術に必要な分子反応の研究者、ジェイムズ・ルイス教授や、クリーヴランド・クリニックの中国人リサーチャー、オハイオ大学の中国人研究員など、千人計画から密かに援助金をもらって中国と密通していた専門家が続々と逮捕されています。

2020年7月21日、中国の盗用からアメリカの知的財産と個人情報を守るために、トランプ政権がヒューストンの中国総領事館閉鎖を命じた直後、領事館の中庭で職員が書類を焼いている姿を写した映像がSNSで流れ、テキサス人が唖然《あぜん》としました。トランプ政権は、中国総領事館がスパイ活動の拠点だったことを指摘して、こう説明しました。

「中国は長年に渡って、合衆国政府高官やアメリカ市民に対して、大規模な違法スパイ活動を行い影響力を行使してきました。アメリカは、中国による主権侵害を容認するわけにはいきません。中国の不公正貿易やアメリカ人の雇用の略奪、その他の悪質な行動を容認しないのと同じです」

Q アメリカ社会を崩壊させる超限戦術

中国共産党のプロパガンダで子どもや学生を洗脳する孔子学院の存在も忘れてはいけません。中国はカネの力でアメリカの教育機関をも侵略したのです。

2018年、レイFBI長官は上院の公聴会で、「アメリカの教育機関に入り込んだ孔子学院をスパイ活動と影響力行使の容疑で捜査している」とコメントしています。

また、中国は、ほぼすべてのアメリカのテレビ局、大手新聞社、大手オンライン紙、大手ラジオ局、世界中のニュース配信組織の人間を定期的に中国に招いて接待し、手なずけています。ナイキ、NBA、ハリウッドも中国に飼い慣らされています（詳細は『フェイク・ニューズメディアの真っ赤な嘘』、『ハリウッド映画の正体』参照）。

さらに、クリントン政権以来、製薬業を含む生産業が続々と工場を中国に移転し、今ではアメリカで使われている医薬品のほとんどが中国製です。中国は、アメリカの農地、酪農場、森林、精肉・食品加工会社を買いあさり、トランプ大統領がアメリカ・ファースト政策を展開する以前は、鉄工業も中国の独り勝ちでした。

子どもにアメリカ国籍を取得させる目的で、臨月の中国人女性が観光ヴィザでアメリカに来て出産するバース・ツアーも日常化し、毎年5万人の中国人の赤ん坊がアメリカ国籍を取得しています。アメリカで中国人が増える一方、中国から密輸されるフェンタニル（麻薬性鎮痛薬）のおかげで、毎年何万人ものアメリカ人が死んでいます。

アメリカ最大のAMC（映画館チェーン）、リジェンダリー・エンターテインメント・グループ（『バットマン』シリーズなどの映画制作会社）も中国企業の所有物で、もう一つの映画館チェーン、スタープレックスも、株の51パーセントを中国企業が買い占めました。

GEアプライアンスィズ（最大手電化製品メーカー）も、ウォルドーフ・アストリア・ホテルも、リッツ・カールトン・ホテルも中国企業に買収され、ホテル・チェーンの最大手、ヒルトンの株の25パーセントも中国企業が取得。モトローラも、IBMのパソコン政策部門も、放射線治療と腫瘍《しゅよう》治療を専門とするアライアンス・ヘルスケアー・サービスも、中国企業に買収されました。

ソーラー・パネル生産業の大手10社のうち6社は中国の企業なので、環境保護政策を全世界に押し売りすれば、これまた中国の独り勝ちになります。〝環境保護〟を大義名分に掲げて、最終的に自家用車を廃止して誰もが公共交通機関に依存するようになれば、政府が簡単に交通機関を止めて、人々の行動を制限することができます。

つまり、中国がアメリカに押しつける環境保護政策も、アメリカの生産業と労働者を潰し、アメリカ人の行動範囲を制限し、アメリカを崩壊させるための超限戦術なのです。

こうした50年に渡る中国のアメリカ侵略史のクライマックスが２０２０年の選挙干渉で、中国は、ドミニオン投票機の不正操作をした他、偽投票用紙を支給し、ＴｉｋＴｏｋでトランプ大統領に不利になる偽情報を広めました。

２０２２年10月には、アメリカの選挙のデータを管理するコネックというソフトウェア会社が、個人データを中国のサーバーに保管していたことが分かり、中国人のＣＥＯが逮捕されました。これで、中国の選挙干渉を国家安全保障という立場から公式に追及することが可能となり、トランプ大統領が発行した〝アメリカの選挙に対する外国の干渉を取り締まるための大統領令〟がモノを言う土台が築かれました。

共和党が多数党になった下院で、調査が開始されて、一日も早く不正の全貌が明らかになりますように！

第6章　恐喝、暗殺、人格殺害――世界支配を可能にしたカバールのお家芸

Wealth (over generations) buys power.
Power (over generations) buys more wealth/control.
More wealth/control buys countries and its people.
Q

（何世代にもわたる）富は権力を買う。

（何世代にもわたる）権力はより多くの富／支配を買う。

より多くの富／支配は、国とその国民を買う。

Q

カバールは、少なくとも十字軍以降の約1000年に渡って人類を支配してきました。

中世ヨーロッパで、金貸したちは、借金のかたに土地や貴族の称号を手に入れ、王侯貴族と結婚して血縁関係を結びました。これがカバールの始まりです。

その後、生贄《いけにえ》などの儀式を通過してカバールの手下になった者たちが、カバールの執行機関であるディープステイトを作り上げ、彼らの息がかかった人間を社会の上層部に据えて、人類

を支配し続けてきました。

Q さまざまな恐喝

シベル・エドモンズは、「恐喝可能な人間のみが判事や政府機関長官になれる」と告発しましたが、政界と司法界のみならず、経済、警察、医科学、教育、メディア、芸能、スポーツなど、社会のあらゆる分野の上層部は、恐喝可能な腐敗しきった人間です。

フーバーFBI長官が政財界の要人や芸能界の大物を監視して、恐喝の素材を収集したことは、もはや知らない人はいないでしょう（詳細は『ハリウッド映画の正体』参照）。

ロッド・ローゼンスタインとポール・ライアンは、バイデンが子どもとセックスをしているビデオ、ロバーツ最高裁判事が若い男とセックスをしているビデオを保管し、さらに、ディープステイトの言うなりにならない政治家や判事のパソコンにチャイルドポルノを植え付けていました（詳細は『カバールの正体』参照）。

チャイルドポルノの植え付けは、最も効力のある恐喝手段です。ハッキングによる植え付けかどうかを調べるのはFBIなので、植え付けだと証明することは不可能です。報道機関も真実を報道してくれません。その結果、罪をなすりつけられた人は、カバールの手下になるか、自殺するしか道が無くなり、カバールの言うなりにならざるを得ないのです。

賄賂とハニートラップも、パソコンが通常化されるずっと前から恐喝素材収集の道具として使われ続けています。

ディープステイトは、アリ・アクバル（別名、アリ・アレクサンダー）という男娼を使ってカール・ローヴとセックスをさせ、証拠ビデオを保管して、共和党の政策をコントロールしていました。

恐喝の素材を入手できない人物、正義感が強くて脅しても効き目がない人物、道徳心に目覚めて告発者になろうとした人間は、自殺させられるか、事故死させられています。

最近の例では、５人の暗号通貨関係者が続々と謎の事故死を遂げ、ＣＢＤＣ導入の障害が排除されました。これは、連邦準備制度設立に反対する３人の大富豪をタイタニックに乗せて殺した手口に似ています。ちなみに、２０２２年10月28日にプエルトリコの海岸で服を着たままの死体となって発見されたＤＡＯ共同創業者、ニコライ・ムシェギアンは、28日の朝８時57分に、こうツイートしていました。

「ＣＩＡとモサドとペドのエリートがプエルトリコとカリブ海の島々を拠点に、性的人身売買の恐喝組織を運営している。彼らはスパイだった元カノが植え付けたラップトップで僕をハメようとしてる。彼らは僕を拷問して殺すだろう」

潰したい人間に、ペドフィリアなどの犯罪を犯している人間を接近させて、「犯罪者と交友がある！」と見せかける手も、ディープステイトの十八番《おはこ》です。

前出のアリ・アクバルは、トランプ潰しの道具としても活用されました。ディープステイトは、2020年の大統領選直後に、トランプ大統領支持者たちが始めたストップ・ザ・スティール運動（民主党が票を盗んだことを暴く運動）にアリを派遣して、アリがこの運動の指導者であると見せかけました。アリは、アレックス・ジョーンズと共に、連日「不正に反撃して、選挙結果を反転させろ！」と叫びました。大手メディアは、アリが「このクソを炎上させろ！ We'll light the whole shit on fire！」と叫ぶ映像をフィーチャーして、「トランプ側のリーダーが暴動を煽っている」と報道。アリは、2021年1月6日にワシントンDCで行われたトランプ大統領の集会にも参加して、自分がトランプ大統領の側近であるかのように見せかけました。

2022年には、下院の議事堂侵略真相追及委員会が、アリの言動を証拠として使い、「トランプが暴動を煽った」という結論を出しました。

この後、アリがロジャー・ストーンの資金援助を受けていたことが分かり、さらに14歳の少年に送った「ペニスの写真を送ってくれ」というテキスト・メッセージがリークされて、保守系のメディアもストップ・ザ・スティール運動、ひいては2020年の選挙の不正を正そうとする動きを批判せざるを得なくなりました。

このように、潰したい要人に犯罪者を近づける方法は、guilty by association smear tactics 関係者同罪中傷戦術、と呼ばれています。

ディープステイトの人間を配偶者としてあてがう、配偶者に賄賂や高い地位を与える、など、配偶者を使って要人をコントロールするのも、カバールの伝統芸です。

Q コントロールド・オポジション

コロナウイルスのワクチンに関する公聴会でファウチとファイザーを糾弾したランド・ポールが、ワクチン会社の1つであるギレアドを叩かないのは、奥さんが2020年2月に1万5000ドル分のギレアドの株を買っていたからです。株を買うに至った真相は明かされていませんが、ディープステイトの人間が奥さんの耳元で「ギレアドの株を買ったら?」と囁《ささや》いたに違いありません。

レーニンの名言、「敵対者をコントロールする一番の方法は、自分たちが彼らをリードすることだ」は、カバールのモットーでもあります。

ロバート・デイヴィッド・スティールは、「アレックス・ジョーンズは昔は本物の陰謀究明記者だったが、有名になった後、カバールがあてがったストリッパーと結婚して、コントロールド・オポジションと化してしまったのだろう」と言っていました（コントロールド・オポジション：カバールの敵を支持する振りをして、実はカバールにコントロールされている偽対立者）。

ウィキリークスのおかげで、アレックス・ジョーンズがストラトフォーと連絡を取り合って、援助を受けていたことも分かっています（ストラトフォーは、ハンガリーからアメリカに移住したユダヤ人、ジョージ・フリーマンが作った私設版のＣＩＡ）。

彼のポッドキャスト、インフォウォーのプロデューサーは、ストラトフォーでアナリストをしていたモリー・マホーニーです。さらに、ストラトフォーもインフォウォーもテキサス州オースティンで１９９６年に開業しているので、アレックス・ジョーンズはカバールが情報操作のために配置したコントロールド・オポジションです（クラウドストライクの本部もオースティンです）。

アレックス・ジョーンズは、真実の中に嘘を混ぜて、適度に反カバールの情報を伝えていますが、カバールにとって致命的な情報は伝えません。２０１６年以降は、トランプ支持者を装ってきましたが、２０２２年末には本性を現して、次の大統領はディサンティスだ、と言い始めました。

実は、フォックスのキャスターやコメンテイターのほとんども、コントロールド・オポジションで、熱烈なトランプ支持者だと思われていたショーン・ハニティも、「2020年の選挙に不正はなかった」と言っています。

BLM批判で名を挙げた、黒人女性コメンテイターのキャンダス・オーウェンズや、アンティファの暴動の後に街を掃除したゲイの保守派活動家のスコット・プレスリー、熱烈な銃所持権支持者のローレン・ボーベック共和党下院議員は、なんとイスラエルのモデル・エージェンシーのタレントでした！

Q 人格殺害

敵を精神異常者扱いするのも、カバールの十八番です。

大手メディアの創設者や現在のCEOのほとんどがユダヤ系で、グーグルの創設者（セルゲイ・ブリンとラリー・ペイジ）もザッカーバーグもユダヤ系ですが、「ユダヤ人がメディアを支配している」と言ったカニエ・ウェスト（トランプ支持者の黒人ヒップホップ・アーティスト）は、たちまちユダヤ人差別主義者！、と批判されました。そして、有名人の健康管理で知られるハーレイ・パスターナック（ユダヤ系カナダ人）から、「バカなことを言うのを止めないと、また施設に収容して薬漬けにし、永遠にゾンビランドに逆戻りさせて、子供たちと遊ぶこともできなくしてやる」と、脅迫されました。同時に、大手メディアもＳＮＳも、「カニエはやはり精神異常だから、治療が必要だ」と、吹聴《ふいちょう》しました。

カニエの妻、キム・カーダシアンはアメリカ最大のインフルエンサーで、ヒラリーと頻繁に連絡を取り合い、２０１６年の大統領選ではヒラリー支持を表明していました。カニエも、カバールがあてがった妻や健康管理人に「言うことをきかないと、私設に収容して、子どもに会えなくするぞ！」と脅されているのです。

ビッグ・スターのカニエさえも、カバールに逆らうと精神異常者扱いされて、精神病院に押し込まれてしまうのですから、普通の人間は怖くて真実が言えません。それゆえに、約１０００年に渡ってカバールはおぞましい悪事を隠し続けることができたのです。

カバールのモットーは、If you can't kill the message, kill the messenger！メッセージを抹殺できない場合は、メッセンジャーを殺せ！、です。彼らはディープステイトの工作員を使って、暗殺と誹謗中傷によるキャラクター・アサッシネイション（人格殺害）を繰り返して、長い間ずっと真実を告げる人たちの口を封じてきました。

２０２２年に殺されたトゥルース・テラー（真実を告げる人）の中で、特に保守派の間で話題になったのは、女優のアン・ヘイシとジャッキー・ワロースキー民主党議員です。ヘイシはセックス用の子どもの人身売買に関する映画を作ろうとしていました。ワロースキーは、２０

セックス用の子どもの人身売買に関する映画を作ろうとしていた女優のアン・ヘイシが〝事故〟で運ばれる際、白い死体袋のようなものを内側から自力で開け、逃げ出そうとしている映像

（https://www.bitchute.com/video/yNxskFSf8l4D/）

15年以来一貫して人身売買を止めるための法案を提出し続けていました。ワロースキーは8月3日にスタッフが運転する車が対向車と衝突して死亡。

ヘイシは8月5日に、街中で車を猛スピードで運転し、家に突っ込んで車が炎上し、病院に運ばれ、脳死状態になったあと、8月11日に死亡。臓器を提供したことで、いきなり美談になりました。

事故現場で、白い死体袋のようなものに入れられたヘイシが、内側から袋を開けて逃げだそうとしている映像が、左記のビデオの1分14秒のところでご覧になれます。

https://www.bitchute.com/video/yNxskFSf8l4D/

こんなに勢いよく袋から抜け出そうとしている人が、病院に着いたとたんに脳死状態になるはずがありません。2人とも、DARPA《ダーパ》が開発した車の遠隔操作装置を使ってCIAが殺したのでしょう（リモコン装置に関しては『ディープ・ステイトの真実』参照）。

誹謗中傷による人格殺害も抜群の効力を発揮しています。

『カバールの正体』で詳しく説明したことですが、新聞社、ラジオ局、テレビ局は、戦争で英国側のプロパガンダを広めるために作られた情報捜査機関で、そこからMI5、MI6、CIAなどの諜報機関が派生しました。つまり、カバールは、メディアと諜報機関を一挙に牛耳《ぎゅうじ》り、情報を完全にコントロールしているのです。

2022年に最も激しい誹謗中傷を浴びせられた4人をご紹介しましょう。

まず、ヒドロキシクロロキンの効力とワクチンの有害性を説いたドクター・シモーン・ゴールド。彼女は、2020年1月6日に、内側からドアが開かれた議事堂に平和的に歩いて入ったことで逮捕、投獄され、有罪になりました。しかし、グーグルで上位に来る記事やウィキペディアには、「有害な薬を薦めて、人命を救うワクチンを批判し、暴徒を先導して議事堂に侵入して謀反《むほん》を起こし、投獄されたトランプ支持の危険な犯罪者」と書かれています。そのため、目覚めた人々がドクター・ゴールドが薦めるコロナ治療法を教えようとしても、バカどもに「ウィキペディアに危険な犯罪者だと書いてあるから、信用できない」と言われて、とりあってもらえません。

ウクライナの実態をポッドキャストで語り続けているスコット・リターは、息子ブッシュ時代の国際連合大量破壊兵器廃棄特別委員会主任査察官で、イラク侵略戦争前後に「イラクにWMD（大量破壊兵器）は存在しない」と断言して、政界から干《ほ》されました。ウィキペディアや大手メディアの記事には、「未成年者へのわいせつ行為で有罪になった性犯罪者」と記されています。実際は、FBIがリターを罠にかけ、冤罪《えんざい》をなすりつけただけです。しかし、シープルはウィキペディアを信じて、「性犯罪者の言うことなんか信じられない」と、スコットが告げるウクライナの真実に耳を貸そうとしません（ウクライナはカバールの資金洗浄・人身売買の拠点で、ネオナチがロシア系ウクライナ人を殺していたので、プーティン大統領がネオナチ成敗《せいばい》のためにウクライナに進行しました。詳細は『フェイク・ニューズメディアの真っ赤な嘘』参照)。

デニス・モンゴメリーは、形跡を残さずにコンピュータに侵入できるハマー(ハンマー)を開発した天才ソフトウェアー・エンジニアですが、ウィキペディアには、「機能しないソフトウェアをペンタゴンに売りつけた詐欺師」と記されています。そのため、2020年の不正選挙の後に「民主党がハマーを使って電子投票機を不正操作した」と訴えた弁護士のシドニー・パウエルは、大手メディアから冷笑されました。

そのシドニー・パウエルの訴訟に、電子投票機不正操作に関する宣誓供述書を提出した元海軍兵、テープシホリー・マラスは、学歴詐称、年齢詐称、職歴詐称、国籍詐称などあらゆる誹謗中傷を浴びせられた上、「自分の子どもをチャイルドポルノに使った」と書かれて、一時は外も歩けないほどだったそうです。

マラスは、海外でカラー革命を仕掛けていた工作員だったので、〝基本ステイタス(名前、身長、体重、国籍、出身地、年齢、学歴、職歴)を偽った、と見せかける偽情報を定着させて、潰したい相手の信ぴょう性を傷つけ、チャイルドポルノの罪を着せてとどめを刺す〟というディープステイトの手口を熟知していました。おかげで、彼女はこの苦境を乗り越えることができましたが、ごく普通の人はノイローゼになってしまうでしょう。ちなみに、ディープステイトの罠にはまって賄賂を摑まされ、無罪を証明できないことを知ったペンシルヴァニアの議員、バド・ドワイアーは、記者会見の席で拳銃で自殺しました。

Q ウィキペディアの正体

2012年にリビアのベンガジでアメリカ公館襲撃事件が起きた後、オバマ政権を批判したCBSの記者、シャリル・アトキンソンは、この直後にパソコンがハッキングされたと気づきました。コンピュータの専門家に診てもらった後に、「ディープステイトにパソコンをハッキングされた」と訴えるやいなや、被害妄想の精神異常者扱いされて、退職を余儀なくさせられました。その後、アトキンソンはディープステイト／報道機関／ウィキペディアの共謀に関するレクチャーを行い、カバールの情報操作／誹謗中傷による人格殺害の構図を、こう説明しています。

「ディープステイトがブログや地方紙、ツイッターで流した誹謗中傷などの偽情報をウィキペディアがまことしやかに掲載し、それをニューヨーク・タイムズやワシントン・ポストが専門家のコメントを交えて転載し、専門家のコメントがウィキペディアに載って、それをニュース・ソースとしてABC、CBS、NBC、CNN、FOXが伝え、それがまたまたウィキペディアに掲載されて、嘘やフェイクニューズが事実として定着してしまうのです。ロシア疑惑も、このサーキュラー・リポーティング（循環報道）で〝事実〟として定着しました」

アトキンソンは、さらに、「ウィキペディアは多数の専門家の総合的な知識が反映された最も正確で中立な情報源だ、と勘違いしている人が一日も早く目覚めることを祈るばかりです」と、シープルの盲従を憂い、ウィキペディアのボイコットを呼びかけています。

ウィキペディア編集者の上層部が、掲載する情報を秘密裏に自分たちの勝手な基準で検閲していることは、すでに2007年から問題になっています。株の空売りに関する内部告発をしたパトリック・バーンと、彼が告げた真相に関する記事を改ざんし、真実を伝えようとした編集者を追放した事件も、まだ記憶に新しいところです。この事件の直後、インタビューに答えた海外（アメリカ国外）在住の編集者は、上層部を批判してこう言っていました。「野心家、個人的利益の追及を目指す人などが集まり、自分たちの権力や地位、目的を脅かす編集者たちに冷酷な態度を示しています」

ウィキペディアの共同創設者、ラリー・サンガーも、客観性と信ぴょう性に欠けるウィキペディア崩壊を目指して、エンサイクロスフィアーというオンライン情報源サイトを立ち上げました。このサイトのホームページには、こう記されています。「小さなエリート集団が、我々が何を知るべきかを決める権力を持つべきではない」

副島隆彦先生は以前から「ウィキペディアはCIAの情報操作機関だ」と、警告していました。ロバート・デイヴィッド・スティールも、10年以上前から、「フェイスブックもツイッターもDARPAのプロダクトで、その他のSNS、グーグルなども、スリー・レター・エイジェンシーズ（CIA、FBI、NSA、DHSなど）が人間の思想・行動を操作するために必要な情報を収集・蓄積するツールだ」と言っていました。

こうしたコメントはつい最近まで〝コンスピラシー・セオリー〟として片付けられてきました。しかし、2022年12月から2023年1月にかけてイーロン・マスクが発表したツイッターの暴露ファイルのおかげで、彼らが真実を語っていたことが証明されました。以下、暴露ファイルで分かったことの一部をおさらいしておきましょう。

●ウィキペディア、グーグル、ツイッター、フェイスブックなどのSNSに、分かっただけでも165人のCIA、FBI、DHS、NSAの職員が転職して潜入していた。
●連邦政府機関、民主党政治家、州政府とツイッターが共謀して検閲を実践していた。
●彼らは、古巣の同僚や上司たちと連絡を取り合って、カバールにとって都合のいい偽情報を拡散し、カバールの目的達成の障害となる情報を検閲し、不都合な真実を発する者たちのアカウントを閉鎖していた。

●彼らは、リツイートや〝いいね〟の件数やフォロワーの数を操作して、ロシア疑惑やワクチン肯定、BLMやトランスジェンダー支持のコメントをトレンドに仕立て、反トランプ派と極左思想支持者の意見が圧倒的多数の賛同を得ていると見せかけていた。

●FBIはツイッターに350万ドル払って、カバール批判者のIPアドレス、ジオロケイション（地理位置）情報をリストアップさせていた。

●FBIは、ハンター・バイデンのラップトップが本物だと知りながら、「ロシアの偽情報の可能性が高い」として、フェイスブックやツイッターにこの話題を載せることを禁じた。

●スリー・レター・エイジェンシーズは、いくつもの偽アカウントを作って、偽情報を拡散し、世論操作をしていた。

●CDCやファイザーも、ワクチンやコロナウイルスに関する〝偽情報〟（＝真実）の取締りと、ワクチンPRの拡散をSNSに命じていた。

●架空の医者、架空のコロナ感染者が、ワクチン反対派を糾弾していた。

●オバマ夫人が「トランプのアカウントを永遠に廃止しろ」と要求した後、トランプ大統領のアカウントが完全に閉鎖された。

政府とSNSの共謀が明るみに出た後の12月29日、トランプ大統領はトゥルース・ソーシャルに左記の投稿をしました。

もしFBIがバイデン一家にとって非常に都合の悪い情報（ラップトップ！）を、かつてないレベルで違法に隠蔽し（「ロシアの偽情報だ」と彼らは言った）、同時に「トランプ」が成し遂げた多くのポジティヴなことを世間に知らせず、代わりに「悪いこと」を拡散したとしたら、それはまさに政府による選挙の不正操作の定義と言えるのではないか？　世論調査員は、この詐欺が数百万票の差を生んだと予測している。何の罰も受けないのか？

不正操作され、腐敗した2020年大統領選挙によって我が国が受けた甚大な被害に対して何の罰もないのか？　完全に第3世界！

最後の一言は、法も秩序もなく完全に第3世界だ、という意味です。

ちなみに、ジュリアーニ元NY市長が9・11の真相を知りながらずっと黙っているのは、大手メディアが完全に破壊されていない段階で真実を吐露《とろ》したら、精神病院に監禁されるのがオチだからです。

私がこの原稿を書いている1月中旬の時点では、ツイッターの内部事情暴露ファイルのおかげで、真実が徐々に広まっています。

この本が出る頃に、２０２０年の大統領選でトランプ大統領が圧倒的な勝利を収めた事実が公表されますように！

第7章　大覚醒を助けたバイデンの失態

These people are STUPID. Q
あいつらはバカだ。Q

テレビに出ているバイデンがクローンなのか、マスクをつけたアクターなのか、私がこの本を書いている時点では、まだ分かっていません。また、バイデン政権の激しい失態に関しても、アメリカ国民を目覚めさせるためにホワイトハットが書いた台本に基づくものなのか、あるいは、ディープステイトの最後の悪あがきなのか、2023年1月現在の時点では、まだ分かりません。いずれにせよ、バイデン政権のあまりの失態と、バイデンが頻発するあり得ない失言が、アメリカ国民の目覚めを助けたことは事実です。

この章では、2022年8月以降に話題になった失態・失策の中から、特に大覚醒に寄与したものをいくつかご紹介しましょう。

Q 不法移民対策で露呈した左派エリートの二枚舌

まず、怒濤《どとう》のごとく押し寄せる不法入国者に関して。

トランプ大統領は、バイデン政権下で不法移民問題を浮き彫りにするために、わざと国境の壁を完成させずにワシントンを去りました。バイデン政権発足と共に、テキサスでは毎日1万人の不法入国者が堂々と国境を越えて収容施設に入っています（収容施設を避ける麻薬密輸人などの数は記録されていません）。バイデン政権は、彼らに衣服やケータイ電話を与えた後、飛行機に乗せてアメリカ各地に送っています。こうした現状は、フォックスとニュースマックス以外のメディアではまったく報道されません。

しかし、２０２２年の夏に、テキサス州知事のグレッグ・アボットが不法入国者をバスに乗せてマンハッタン、ワシントンＤＣ、シカゴに送った後、それぞれの市長が文句を言って、連邦政府の援助を求めたことで、左派の偽善が明るみに出ました。その後、ニューヨーク市は、彼らを１泊５００ドルのホテルに収容し、市民が激怒しています。

9月14日には、ディサンティス州知事が、バイデンがフロリダに送りつけた不法入国者のうち50人を、左派の牙城《がじょう》であるマサチューセッツ州の島、マーサズ・ヴィンヤードに送りました。

マーサズ・ヴィンヤードは、ケネディ一族やオバマなどの豪華な別荘がある大富豪の避暑地で、9月はすでにオフ・シーズンなので、ホテルも豪邸も空っぽでした。マーサズ・ヴィンヤードの住民は、かねてからトランプ大統領の不法移民取締りを批判し、「不法移民を温かく受け容れるべき！」と唱え、別荘を移民に明け渡すスウェーデンの政策を褒めていました。

しかし、彼らは、自分たちが被害者になったとたんに、「この島には移民収容施設がない」と言って、即座に州兵の援助を要請し、次の日には本土にある米軍基地に不法入国者を転送しました。9月16日には、14日に立ち上げられた移民救済募金サイトに集まった4万ドルが、マーサズ・ヴィンヤードを保護するための施設に横流しされたことが発覚。さらに、この施設を運営しているのが、1600万ドルもの予算を持っている財団であることも分かりました。この激しい偽善は、SNSで大きな話題になり、左派エリートの二枚舌と不法入国者流入の被害を、シープルが実感する手助けとなりました。

国境越えを斡旋《あっせん》するカルテルに不法入国者が支払う額は、メキシコ人は2500ドル、中南米人は3000ドル、中国人は5000ドル、ロシアと中東からの密入国希望者は9000ドルです。斡旋金が払えない不法入国者たちは、入国後にカルテルが仕切る組織の家に監禁されて、借金返済のために奴隷や売春婦として働きます。カルテルは、儲けた金をディープステイトに渡し、2者は共謀して悪事を続けています。バイデン政権はアメリカに入ってきた不法入国者の行方を追跡していないので、彼らが人体実験用に売られ、臓器提供のために殺されても、政府が気づくことはありません。低賃金で働く不法入国者は、アメリカの中産階級を潰して、アメリカを内側から崩壊させるための道具でもあります。

Q LGBTQ活動家やペドたちのすごい写真

2022年10月、バイデン政権のエネルギー省原子力エネルギー部で副部長代理を務めるサム・ブリントンが、複数の空港で女性のスーツケースを盗み、逮捕された事件も、シープルの覚醒に役立ちました。

ブリントンはMIT出身の秀才で、LGBTQの活動家としてハリウッドのセレブからも尊敬されています。自らもノン・バイナリー（男性、女性のどちらでもないと認識する人）のブリントンは、奇抜なドレスが大好きで、SMと思われるような写真をSNSにたくさん載せていました。そのため、逮捕後に、レザーの覆面をかぶり、お尻を出して跪《ひざまず》く男性の首につけた革紐を握っているブリントンの写真が出回りました。

この後、保守派コメディアンたちが、「国家安全保障に関わる機密を扱う部署に、ブリントンを配置したバイデンは天才だ！　ゆすりのネタになるような写真を自分で堂々とインターネ

バイデン政権、エネルギー省原子力エネルギー部副部長サム・ブリントン（MIT出身の秀才）が自身のSNSに挙げていた写真。この男はその後逮捕された

（https://www.dailymail.co.uk/news/article-10523529/amp/Bidens-pick-nuclear-waste-job-Southern-Baptists-son-turned-drag-queen-Sister-Ray-Dee-OActive.html）

ットに掲載してるんだから、中国に脅される心配はない！」とコメント。この皮肉なジョークのおかげで、ＭＩＴの教授が中国から賄賂をもらっていた事件に再び注目が集まりました。

さらに、ちょうど同じ頃に、民主党支持者のセレブ、クリッシー・ティーガン（歌手のジョン・レジェンドの奥さん）のお気に入りの高級ブランド、バレンシアガの広告に、ボンデージ姿のぬいぐるみのクマのバッグを持った子供や、アドレノクロームのシンボルである白ウサギが使われていることが、フォックスで取り上げられました。この後、バレンシアガ、グッチ、イヴ・サンローランなどを傘下《さんか》に収めている大手ファッション企業、ケリングのＣＥＯ、フランソワ・アンリ・ピノー（妻はメキシコ人女優のサルマ・ハエック）が、口がワギナ、鼻がペニスの形をした子どものマネキンを高額で売っていることがネット上で大きな話題になりました。

これは、ファッション界やハリウッドでペドフィリアが蔓延することに、いまだ気づいていない人々が目を覚ますきっかけになりました。

また、感謝祭とクリスマス休暇の帰省ラッシュのときに、飛行機のキャンセルが相次いで、何日も空港に立ち往生した何万人もの人々が、ピート・ブタジェッジ運輸長官の無能ぶりに怒りました。ちょうどこの時期に、口を開けば化石燃料を批判しているブタジェッジが、政府が国民の税金で調達したプライベート・ジェットで飛び回っていたことも分かり、環境保護者た

大手ファッション企業ケリング（傘下にバレンシアガ、グッチ、イヴ・サンローランを収める）CEO、フランソワ・アンリ・ピノーが高額で販売していたおぞましいマネキン

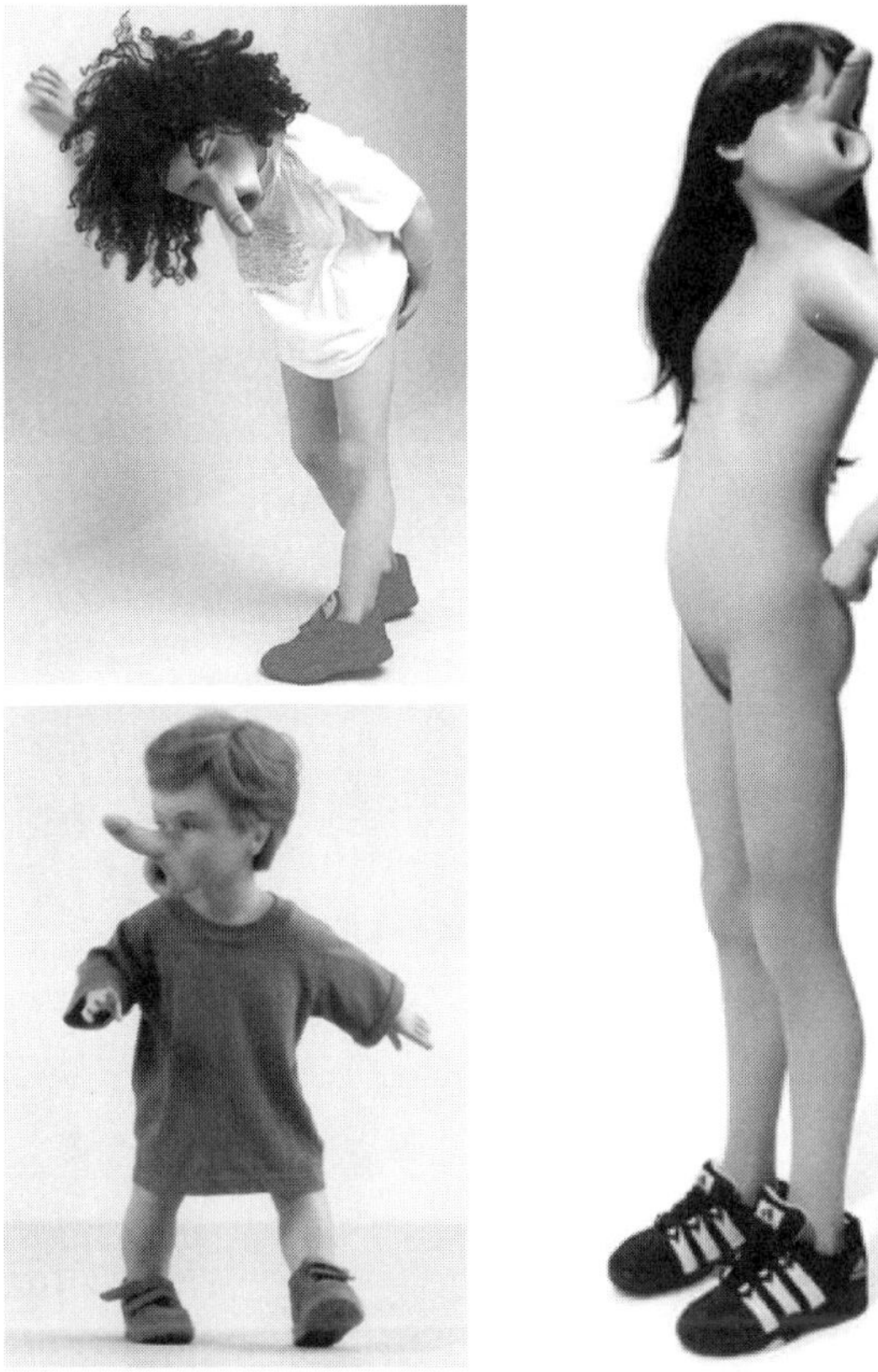

（https://strangesounds.org/2022/11/francois-henri-pinault-ceo-of-balenciagas-parent-company-owns-an-auction-site-selling-child-sex-mannequins-with-erect-penises-vaginas-and-anuses-instead-of-mouths-or-noses.html）

ちも、ブタジェッジを批判し始めました。

また、ブタジェッジが、解決策として、少数派（非白人、ＬＧＢＴＱ）優遇雇用を提唱したことで、かなり鈍感な人も、「バイデン政権のＬＧＢＴＱ優遇雇用政策のせいで、無能な人間が抜擢されている！」と、やっと気づきました。

いまだに子どもにもワクチンを強要しようとするトランスジェンダーのレイチェル・レヴィーン保健福祉省次官、簡単な質問にも答えられない両性愛者の黒人女性報道官、サム・ブリントン、同性愛者のブタジェッジ、彼らはみな、少数派優遇雇用の弊害をアメリカ国民に教えるための反面教師として役立ちました。

Q ＦＴＸの破綻

２０２２年12月には、世界最大手の暗号通貨取引所、ＦＴＸが破産した後、バイデン政権がウクライナに渡した援助金がＦＴＸを通じて資金洗浄され、バイデンと民主党に還元されていたことが分かりました。２０２０年の選挙では、ＦＴＸのＣＥＯ、バンクマン・フリードも４０００万ドルの政治献金を主に民主党とバイデンに寄付していました。ＦＴＸの重役、ライアン・サラメは共和党のケヴィン・マッカーシーに70万ドル寄付し、マッカーシーはこのカネを使ってトランプ大統領支持者のマディソン・カーソン共和党下院議員の誹謗中傷CMを流し、彼の再選を阻止しました。

MIT出身のバンクマン・フリードは、バイデン政府に暗号通貨規制法案政策のアドヴァイスをしていました。暗号通貨を管理する米国証券取引委員会（SEC）の、ゲイリー・ゲンスラー委員長は、政界入りする前はMITの経済学教授で、当時の上司はバンクマン・フリードの共犯者、キャロライン・エリソンの父親でした。また、MITのメディア・ラボは暗号通貨の研究に力を入れ、ジェフリー・エプスタインから85万ドルの寄付金をもらっていました。

こうした人間関係から、フリードマン一味はカバールの手下で、CBDC導入を助けるためにFTXを作ったのだろう、と推測できます。カバールの助けを借りて、FTXの威力を膨張させた後に、わざと潰して、「民衆を守るために、やはり暗号通貨産業にも政府の規制が必要だ」と大衆に信じ込ませる。そして、シープルの大半が「やはり政府がすべてを管理するCBDCが安全だ」と思った時点で、国民の期待に応える、という形で大手を振ってCBDCを導入するつもりだったのでしょう。

12月27日に、バンクマン・フリードがロビンフッドの株を買っていたことが分かったおかげで、ゲームストップ事件で目覚めた人々が、カバールの企みに気づきました（ゲームストップ事件は、『カバールの正体』参照）。

Q 想像を絶するむだ遣い

2022年の暮れに、9人の共和党下院議員、18人の共和党上院議員の賛同を得て議会が通した1兆7000億ドルの包括的歳出法案には、想像を絶するむだ遣いがぎっしり詰め込まれていました。いくつか例を挙げてみましょう。

- ミシェル・オバマ・ハイキング・コースの維持・管理費：360万ドル
- 不法入国者への援助金：7億8500万ドル
- 上院議員の家の警備費：250万ドル
- FBIの新本部建設費：3億7500万ドル
- NYのLGBTQ博物館への支援金：300万ドル
- エジプト、ヨルダン、レバノン、、チュニジア、オマーンの国境警備：4億1000万ドル
- ウクライナにも追加支援金：470億ドル（これでウクライナへの支援金は合計1000億ドルになった）

8割方のアメリカ人がインフレで光熱費を節約している最中に、ウクライナと不法入国者に多額の援助金を与えて、他国の国境を守るとは!、と、シープルも呆れました。

法案は大統領の署名無しには効力を発揮できないので、ホワイトハウスは、クリスマス休暇でヴァージン諸島にいるバイデンのもとに、わざわざ飛行機でこの法案を送り、真の環境保護派がまゆをひそめました。ちなみに、毎年バイデンはクリスマス休暇を弟が所有するウォーターフ・アイランドで過ごしていますが、この島からわずか9マイルのところにあるのが、ジェフリー・エプスタインのリトル・セント・ジェイムズ島です。バイデンの訪問後、エプスタインの人身売買に関与したJ・P・モルガンの捜査を担当していた、ヴァージン諸島の検事が解雇され、バイデンがウクライナの検事を解雇させた事件(239ページ参照)が、再び話題になりました。

Q 笑えるバイデンの失言集

度々《たびたび》ハリスを大統領と呼んでいるバイデンの、あり得ない失言も、何気なくニュースを見聞きしているシープルを起こすきっかけを作りました。

ここでは、一冊の本がかけるほど蓄積されたバイデンの失言の中から、特に笑える失言をいくつかご紹介しましょう。

２０２１年

２月17日、ワクチン接種を薦めるスピーチで、「黒人やヒスパニックはインターネットの使い方を知らない人が多いので、ワクチン接種のオンライン予約ができない」🤓

５月14日、インフラストラクチャー強化のために必要な額は、somewhere between $700 billion and a trillion, 300 million billion dollars「７００億ドルから１兆ドル、300,000,000,000,000,000 ３億ビリオン（10億）ドルの間」😵‍💫（両性愛黒人女性報道官も、２０２２年９月に、バイデン政権は ten thousand million jobs 1万ミリオン =10,000,000,000= １００億個の雇用を創出した、と言っていたので、バイデン政権は数字に弱い）。

５月18日、ミシガン州の自動車製造会社で、「わしのひいじいさんは炭鉱夫だった」🤐（ひいじいさんが炭鉱夫だった、という記録はない）

６月28日、ロムニーの名前を忘れて「モルモン教の元州知事だった人間」😂

７月13日、２０２０年の選挙が公正だったと唱え、「２０２０年の選挙は、パンデミックの真っただ中だったにもかかわらず、史上最大の投票者数となり、あらゆる年齢、人種、職種の人々が投票権を行使して、１５０人のアメリカ人が投票しました！」🤭

7月22日、「150年前、わしは司法委員会の委員長じゃった」🤓
8月6日、「アメリカでは約3億5000万人がワクチンを接種しました」🤣（アメリカの総人口は3億3144万9281人）
9月7日、「2020年までに排出ゼロの電力を達成する」😮
10月18日、「わしは公民権運動に関わっていた」😟（一切関わっていなかった）
10月21日、CNNのイヴェントで、「わしゃ370年間、上院議員を務めとった」😆
11月11日、復員軍人の日の演説で、「わしは、当時ニグロ・リーグで活躍していたニグロのピッチャー、サッチェル・ペイジの態度を見習った」😨（もしトランプ大統領がこんなことを口走ったら、BLMがアメリカを焼き払ったに違いない！）
12月14日、環境保護のために何兆ドルもつぎ込むことへの批判に対し、「庶民には1セントも負担がかからない」😒（誰もが分かる明らかな大嘘だった）
12月16日、ロイド・オースティン国防長官の名前を忘れて、「わしゃ、感謝したいと思います。あの、元将軍、いつも将軍って呼んでるだけど、例のあの機関を管理してる人だよ」🙄（バイデンは国忘長官だ！）

２０２２年

5月2日、「デラウェア出身の上院議員は少ない、というか、デラウェアは小さな州なので、

今まで1人も上院議員を輩出したことがない」😅

7月14日、イスラエルを訪問して、「ホロコーストの名誉（honor）と真実を語り継がねばなりません」😰（horror 恐怖と honor 名誉を、読み間違えた）

8月24日、学生ローン帳消しを求める演説で、「黒人とヒスパニックは家を持っていないので、カネを借りられない」😱

10月3日、プエルトリコを訪問して、「わしゃ、デラウェアのプエルトリコ人街で育った」😦（デラウェアにプエルトリコ人のコミュニティは存在しない）

10月10日、国産品生産を推奨する演説で、「まず始めに、次の2つの単語を強調したい。メイド・イン・アメリカ！」😔（3つの単語だった）

10月12日、コロラドの米軍基地で、「イラクで戦死した息子を持つ父として語りたい」😌（長男のボーはガンで死んだ）

10月31日、オバマケアーを守るために民主党がアメリカの全州で戦った、という演説の中で、We went to 54 states.「わしらは54州に行った」🤨（いつ4州増えたんだ？）

11月12日、カンボジアでカンボジア首相との会見の席で、カンボジア首相に向かって、「ASEAN会長のコロンビア首相に感謝します」🤭

12月27日、退役軍人支援集会で、102歳のイタリア系アメリカ人の退役軍人に、「わしゃアイルランド系だが、バカじゃないぞ。わしゃ、ドミニク・ジャコッパの娘と結婚したから、少しイタリア人みたいなもんじゃ」🤢（アイルランド人差別発言では？）

バイデンがおもしろすぎる失言を連発しているおかげで、ブルー・ステイツ在住の私のリベラルな知人たちも、「老人ボケでは？」と、本気で心配しています。彼らが目覚めて、心配が反省へと変わる日が早く訪れますように！

第8章　カバールの破滅を招いたシンボルへのこだわり

Symbolism will be their downfall. Q
象徴主義が彼らを破滅へ導く。Q

カバールの人間たちは、心の底から悪魔を崇拝して、自分たちは悪魔の選民で、悪魔にいけにえを捧げることで莫大な権力を入手・保持できる、と本気で信じています。そのため、彼らは悪魔崇拝の儀式に真剣に取り組み、悪魔崇拝のシンボルを使って公の場で互いの忠誠心を確認し合い、魔力を増強させるとされている数字にこだわっています。彼らは、悪魔のシンボルを公然と晒《さら》して、仲間同士で合図し合い、これらのシンボルが悪魔崇拝の印だと気づかずにありがたがっている大衆を、せせら笑っているのです。

こうしたシンボルは、つい最近までは内部事情に通じた人のみが知る秘密の暗号でしたが、Qやロバート・デイヴィッド・スティールのおかげで、今ではアメリカ人の半数がシンボルを見抜けるようになりました。

この章では、ロバート・デイヴィッド・スティール、ドクター・キャロル・ロジン（NASAの宇宙開発を指揮した元ナチスの科学者、ヴェルナー・フォン・ブラウンのアシスタント）、サイモン・パークス（母親がMI5の課報員だった）、オカルトに詳しいケリー・キャシディ、カバールの手下たちの相談役だったリンジー・ウィリアムス、イルミナティの暴露記事を書いたレオ・ザガミなどが教えてくれたシンボルの一部をご紹介しましょう。

Q 数字の象徴

まず、カバールが魔力のある数字と信じている数字、日付に関して（カバールはゼロは数えない）。

●5は敵の死を意味する番号なので、国防省は5角形で、ペンタゴンと呼ばれている。ワシントンDCの道がホワイトハウスを頂点に5角星を描いているのも、カバールの縄張りだと示す合図。

●8はパワー・ナンバー。安倍元首相暗殺が7月8日、マーラライゴ家宅捜査が8月8日、エリザベス女王の死（が発表された日）が9月8日だったのは、カバールにとって8が重要な数字だから。

●かけると8になる2と4の組み合わせもパワー・ナンバー。DARPA《ダーパ》（アメリカ国防高等研究計画局）が開発したライフログ（個人の言行、思想、習慣、他者／組織／場所／事物とのつながりなどのあらゆる情報を記録、分析して、個人の行動を予測するプログラム）がフェイスブックと改名して2004年2月4日、正午12時に公開されたのも、縁起を担いでのことだった。

●9・11はマジック・ナンバーで、9月11日の〝テロ〟は新時代を招き入れるための儀式。世界貿易センターの2つのビルの間のスペースを産道と見なし、そこから不死鳥が甦る、というヴィジュアルな演出だった。

●米国支配階級の人間を輩出しているイェール大学のスカル・アンド・ボーンズのマークの下にある322は魔力増幅の番号。その逆の223も魔法の数字で、カバールは2023年にCBDCに移行して世界新秩序を開始するつもりでいた。

●17はパワー・ナンバーで、パワー増強のために3倍増した51は最強の数字。エイリアンの死体が保管されている、と言われる場所の地名がエリア51であるのは偶然ではない。

●聖書にも書かれている通り、666は悪魔の数字。ビル・ゲイツの「身体の動きで暗号通貨を管理する機能」のパテント番号が060606であるのも偶然ではない（パテントを管理しているSERCOは英国王室が絡んでいるカバールの組織）。

●グーグル、世界経済フォーラム、CERN《サーン》欧州原子核研究機構のロゴは666。
●コロナ検査追跡法案の番号は H.R.6666。
●コロナウイルスやワクチンに関する偽情報を拡散したマーケット・リサーチ会社、イプソスのオリジナルの社名は Ipsos MORI で、ラテン語で They die.「彼らは死ぬ」という意味。
●夜が最も長い冬至はカバールにとって大切な日なので、2022年12月21日にゼレンスキーがアメリカ議会で演説して、さらなる資金援助を求めた。

Q カバールが使うさまざまなシンボル

次に、カバールのシンボルのほんの一部をご紹介しましょう。
●ヴァチカン、ロンドン、ワシントンDCにあるオベリスクは、オシリスのペニスで、再生の象徴。セス（戦いの神。セト）に殺されてバラバラにされた死体を、配偶者／姉のイシスが集めて修復したが、ペニスだけ見つからなかったので、イシスがペニスの代わりに作ったのがオベリスク。
●自由の女神の松明《たいまつ》や社会主義者のシンボルの松明も、オシリスのペニス。
●1ドル札に印刷されているピラミッドも神の全能の目（すべてを監視する目）もカバールの

Google、世界経済フォーラム（WEF）、CERN（欧州原子力研究機構）のロゴは「666」

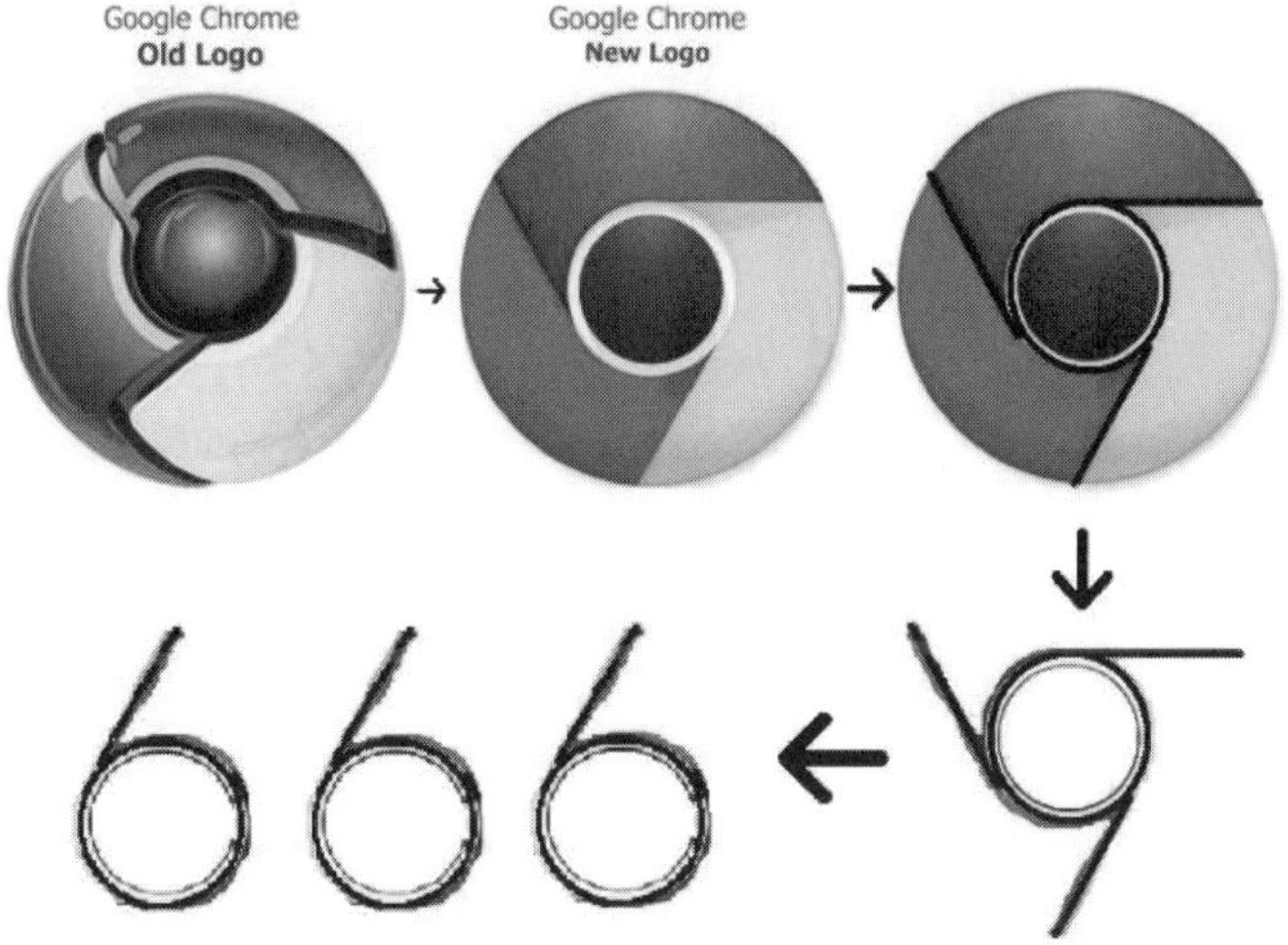

（https://archive.vn/wA3F3）

（https://www.reddit.com/r/conspiracy/comments/lullnk/world_economic_forum_logo_has_666_carefully/）

（https://en.wikipedia.org/wiki/CERN）

「私はカバールの手下だ」

https://4.bp.blogspot.com/-bk6joxiux_M/UgRRDpaLPXI/AAAAAAAAID0/9YiylGHFU_4/s1600/all-seeing-eye-in-celebrities.png

両手で三角（ピラミッド）を作ったり、片目を隠したり、人差し指と親指で作った楕円を片目につける行為はカバールへの忠誠心を示す。

レオナルド・ディカプリオ

https://web.archive.org/web/20150220053446/https://www.ceramictattooart.com/Pinterest/Celebs-RockStars/Celebs6.html

アポロ 11 号のバズ・オルドリン

https://vigilantcitizen.com/wp-content/uploads/2017/08/leadspotm08172.jpg

アップル、アンドロイド、Gメール、フェイスブックなどのロゴはフリーメイソンでお馴染みの意匠

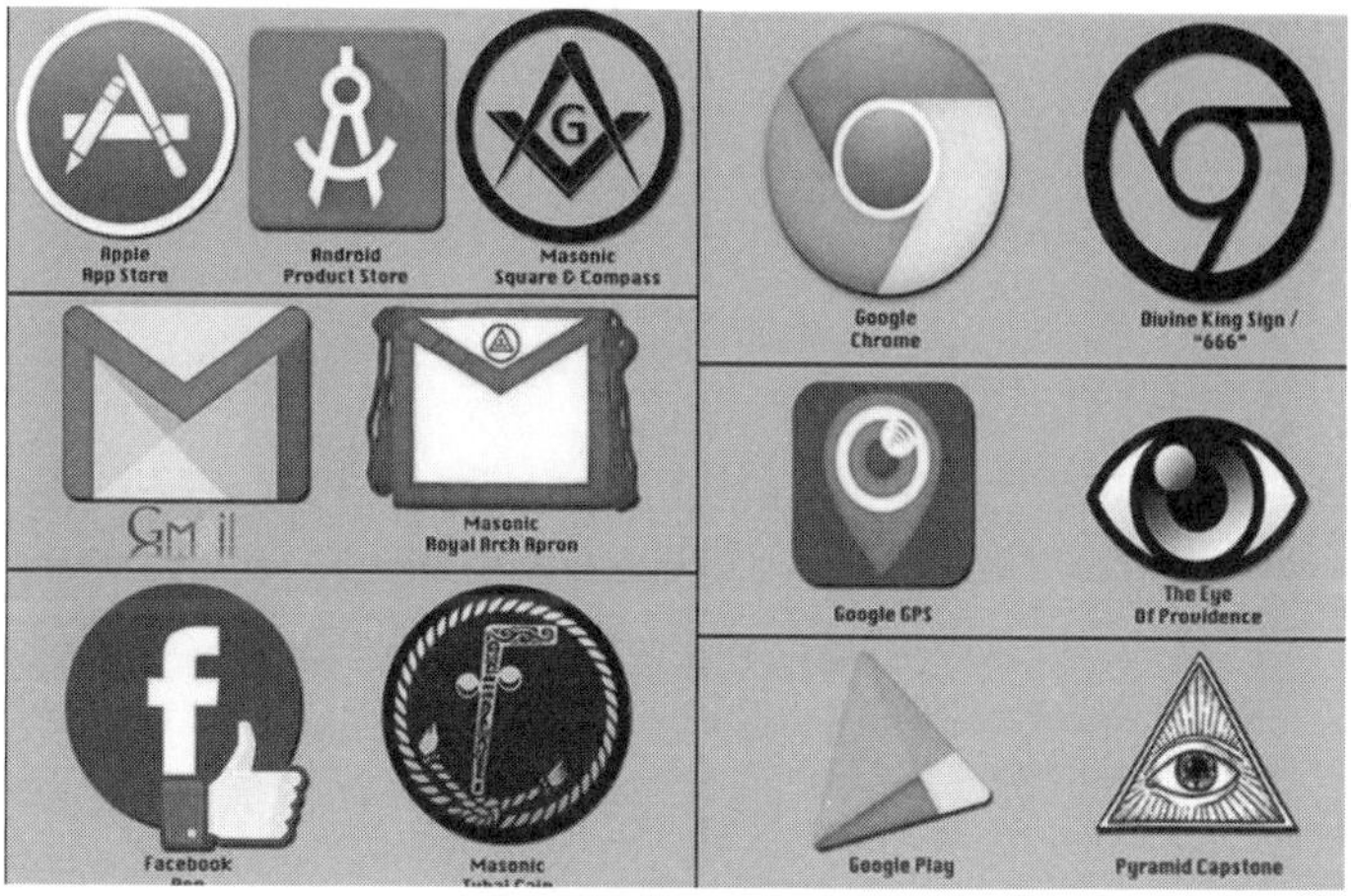

（https://archive.vn/gK7LP）

NASAのロゴの２本の赤い線は悪魔のシンボルである蛇の二枚舌
（https://archive.vn/1uXB4）

ワシントンDCもシンボルに満ちている

上はワシントンDCの道が作る五芒星
下はワシントンDC中枢に浮かび上がるフクロウの形

（https://www.researchgate.net/figure/The-roads-in-Washington-DC-form-a-pentagram-with-one-apex-at-the-entrance-of-the-White_fig7_321682622）

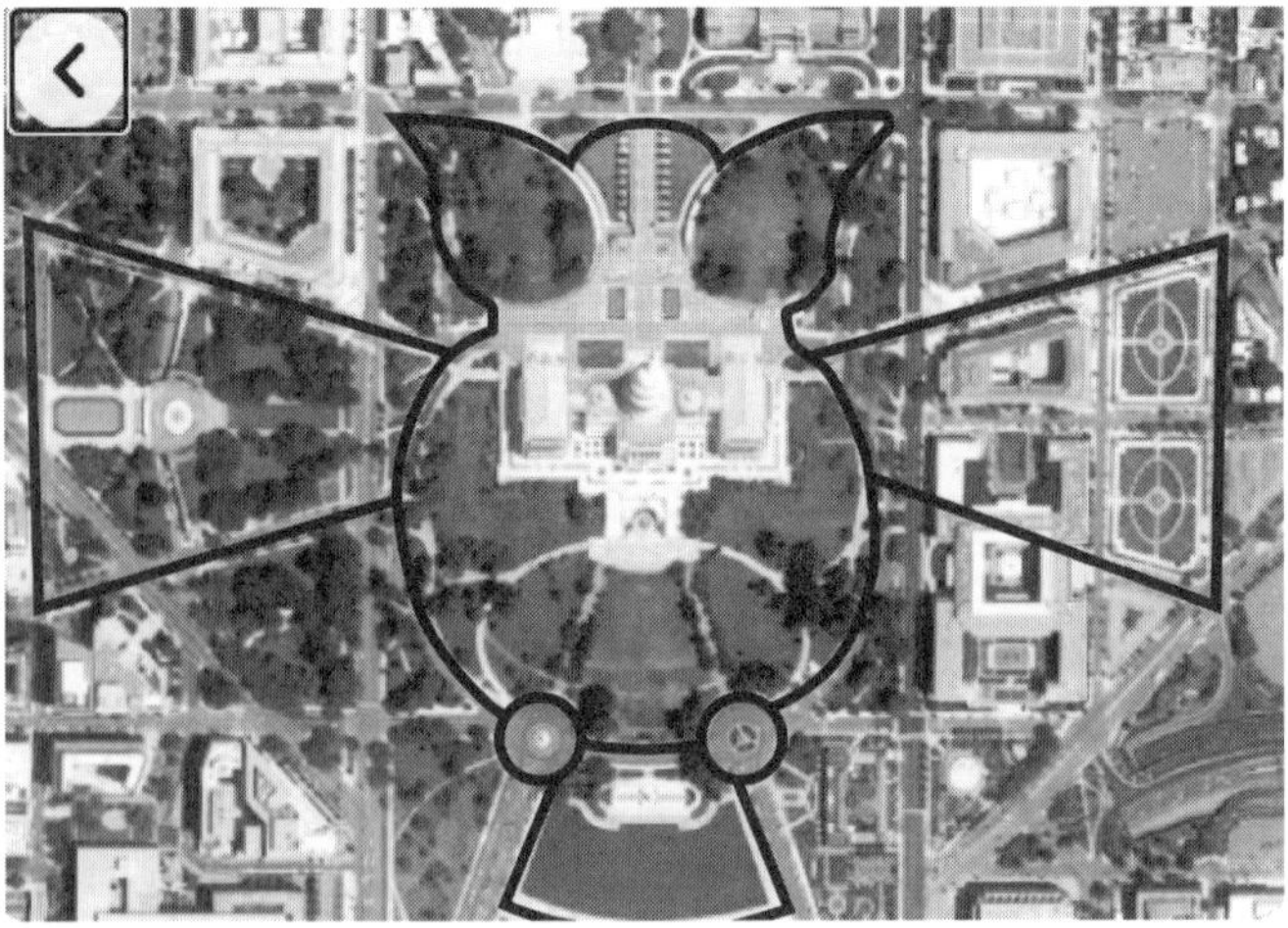

（https://archive.vn/t5YrK）

カザフスタンの首都アスタナの不死鳥とピラミッド（上の写真の池の形が、不死鳥になっている）

（https://archive.vn/KTgXn）

ミシェル・オバマのニックネームは「ビッグ・マイク」

（ https://darkoutpost.com/unexplained/finally-conclusive-proof-michelle-obama-really-is-big-mike/ ）

2022年のコモンウェルス大会（英連邦に属する国と地域のスポーツ競技会）開会式に登場した巨大な牛。カバールは牛を崇める

（https://opentheword.org/2022/08/09/did-baal-show-up-at-the-commonwealth-games/）

ウォール街にある牛（Bull）の像

（https://www.businessinsider.com/what-is-wall-street-charging-bull-new-york-city-2017-12）

欧州議会（ストラスブール）のビル（上右）とアマゾン第２本社（バージニア州アーリントン）のビル（下）はバベルの塔にそっくり

（https://melbrake.wordpress.com/2015/09/07/cern-the-modern-day-tower-of-babel/）

（https://endtimeheadlines.org/2021/02/amazon-reveals-plan-to-build-modern-day-tower-of-babel/）

南極の旗は暗号通貨「イーサリアム」のシンボルと同じ

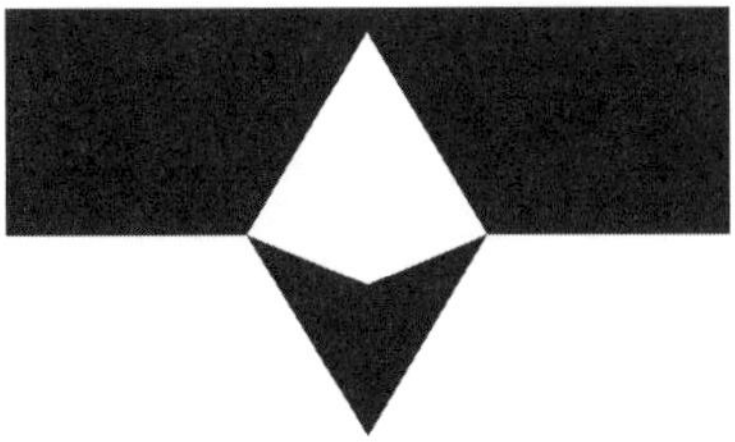

（https://en.wikipedia.org/wiki/Flag_of_Antarctica#/media/File:True_South_Antarctic_Flag.svg）

（https://ja.wikipedia.org/wiki/%E3%82%A4%E3%83%BC%E3%82%B5%E3%83%AA%E3%82%A2%E3%83%A0）

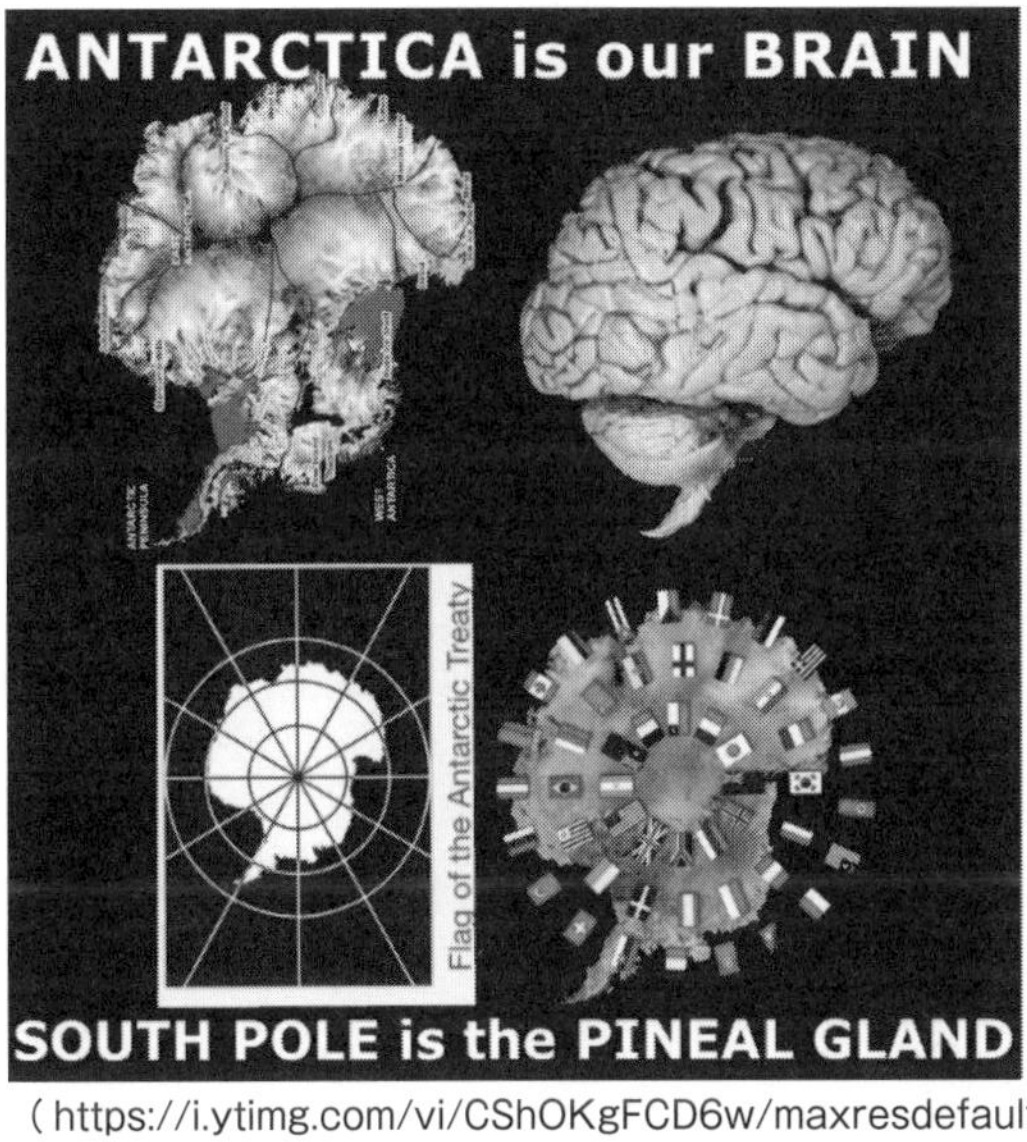

南極の形は
脳の形

（https://i.ytimg.com/vi/CShOKgFCD6w/maxresdefault.jpg）

シンボル。
●両手で三角（ピラミッド）を作ったり、片手／花／煙／髪の毛／帽子のつばなどで片目を隠したり、人差し指と親指で作った楕円を片目につける行為は、「私はカバールの手下だ」と、カバールへの忠誠心を示す行為。
●NASAの2本の赤い線は悪魔のシンボルである蛇の二枚舌
●アップル、アンドロイドのロゴはフリーメイソンのコンパスと定規
●Gメールのロゴはフリーメイソンのエプロン
●フェイスブックのロゴはフリーメイソンの杖
●グーグル・プレイのロゴはピラミッド
●ワシントンDCはフリーメイソンのシンボルであるフクロウの形に作られた。これも、DCがカバールの支配下にあることを示す合図。
●ピラミッドやホワイトハウスのような建物があるカザフスタンの首都名、Astana は Satan（セイタン、悪魔）のアナグラムのようなもの。ホワイトハウスを模した建物から不死鳥が飛び立ってピラミッドに向かう、という構図で設計された。これは、2016年の大統領選でヒラリーが大統領になった後、核爆弾をアメリカで爆破させ、地下で生き延びたカバールの手下たちがアスタナにワン・ワールド政府の拠点を置くことになっていたからだった（悪魔のアナグ

ラムのようだと人々が気づいた後、一時的にNur Sultanと改名したが、ヌールはアラビア語で光を意味するので、アラビア語ができる人には、光のスルタン〔王〕＝ルシファー〔悪魔、ラテン語で「光をもたらす」という意味〕のことだとばれていたので、元の名前に戻した）。

●国連を支持したベイリー夫妻は、Lucifer's Publishing Company ルシファー（悪魔）出版社の設立者だった。

●コロナのワクチンにはluciferase（ルシフェラーゼ、ルシファーの光）と呼ばれる発光酵素が入っていて、ワクチンを打った人間の体内で光り、非摂取者と区別できるようになっていた。

●NYにある国連本部の敷地は、ジョン・D・ロックフェラーJrが買い取った屠《と》殺場で、血まみれの生贄《いけにえ》の祭壇、という意味がこめられている。

●黒い石は悪魔崇拝の象徴。世界最大の資産運用会社の名前がブラックロック、NYの投資ファンドの名前がブラックストーン、国連本部の瞑想室に6・5トンの長方形の黒い鉄の塊が置かれているのは偶然ではない。

●カバールがトランスジェンダーを推奨し、ミシェル・オバマがペニス切断手術をしていないのは、男性にも女性にもなれる悪魔のパワーを崇拝しているから。

●カバールは牛を崇《あが》めているので、ウォール街に牛の像がある。2022年のコモンウェルス大会（イギリス連邦に属する国々と地域のスポーツ競技会）開会式でも、巨大な牛を崇める奴隷たちのダンスがフィーチャーされていた。
●欧州会議のビルとアマゾンが建設しようとしている本部の建物はバベルの塔の模倣。
●エミー賞を決める全米テレビ芸術科学アカデミー National Academy of Television Arts and Sciences の略称は NATAS で、後ろから読むと Satan（テレビは、カバールの広報、及び国民洗脳のためのサイオプをする道具）。
●カバールの拠点と言われている南極の旗は、暗号通貨、イーサリアムのシンボルと同じ。
●南極の形が脳の形。

カバールが将来を知らせるために送ったヒント（プレディクティヴ・プログラミング）
●2016年のCERN開会式には、モーロック（カバールが崇拝する悪魔）と、モーロックに捧げる子羊、首を吊られて死ぬ作業員、モーロックと一体化する女性などがフィーチャーされていた。これは、悪魔を受け容れる近未来を示唆するパフォーマンスだった。
●2021年のシアトルのヴァーチャル・ニュー・イヤー・ショーは、mRNAによるDNA操作、ワクチンで注入されたナノテクノロジー、グラフェンが体内で人体構造を変え、トランスヒューマンが誕生することを祝したものだった。
●2021年のスーパーボウル・ハーフタイム・ショーは、クローンとパンデミックによる隔離生活を受け容れさせるためのサイオプだった。

同じシンボルの使い回し

●ウクライナのアゾフ大隊のシンボルはナチスのカギ十字の派生形。
●アンティファのシンボルは１９３０年代のドイツ共産党のシンボルのデザイン盗用。
●ＢＬＭの拳は、ソ連共産党や社会主義のシンボルの焼き直し。

第Q章　今明かされるQの正体！

How many coincidences before it becomes mathematically impossible?　Q
偶然がいくつ重なれば数学的に不可能となるのか？　Q

Qが初めて現れたのは２０１７年10月28日、大手メディアがひっきりなしにロシア疑惑の報道をして、トランプ大統領を糾弾していた時期でした。

Qは、まず、大手メディアの報道がフェイクであることを人々に教えました。そして、ネット上に散在する真の情報を集めて、それらをジグソーパズルのようにつなぎ合わせて、物事の全体像をつかみ、歴史や現状の真相を探り出す術を教授しました。

最初にQに興味を持ったのは、20代、30代のゲーマーやオタク系の人々でした。彼らはゲーム感覚でQとの対話を楽しみ、Qの問いかけに答える形で、徹底的なネット検索を遂行し、カバールの悪事を次々に浮き彫りにしていきました。

中間選挙のキャンペーンに拍車がかかった2018年の春あたりから、トランプ大統領が応援演説をする集会にQという文字がプリントされたTシャツや野球帽をかぶっている人が目につくようになり、大手メディアが彼らのことをQAnonと呼ぶようになりました。これは、Qのフォロワーたちがanonimous匿名で投稿しているので、anonimousを略したanonとQをくっつけて、大手メディアが勝手に作った造語です。実際は、Q支持者は自らをアノンと呼び、Qのムーヴメントのことは、単にQと呼んでいます。

Q マイケル・フリンが始めた情報戦争がQの始まり

大手メディアがQを共謀説（隠謀説）として批判し始めた頃、ロバート・デイヴィッド・スティールが、こう言い始めました。「Qは、諜報活動とサイバー作戦のエキスパートであるマイケル・フリン元陸軍中将《ちゅうじょう》が、アメリカ人を目覚めさせるために開始した情報戦争の一環に違いない。グローバリストのローマ法王と対立しているマルタ騎士団もからんでいると思う」（フリン中将の功績、および無実の罪で起訴された理由の詳細は『ディープ・ステイトの真実』、『カバールの正体』参照）。

2016年の大統領選でいち早くトランプ支持を表明していたフリン中将は、大手メディアを介さずにツイッターやSNSのポッドキャスターを使って、国民に直接情報を伝えたトランプ選挙本部の戦略に関して、11月12日（トランプ当選の4日後）に、こう言っていました。

「私たちはデジタル兵士の軍隊（an army of digital soldiers）を持っています。私たちは反乱軍のような行動をとりました。これは政治における非正規戦の最たるものでした。この話は、ずっと語り継がれるでしょう。私たちには市民ジャーナリストがついていたのです。メディアにいるジャーナリストは、この国に害を及ぼし、さらに、ジャーナリストという職種に泥を塗ってました。彼らは前代未聞の傲慢な態度を取り、ジャーナリズムを損ねたのです。そのため、アメリカ国民が情報伝達の仕事を引き受けて、ソーシャル・メディアを通じて情報を伝えたのです」

Qは、2020年6月22日にDigital warriors ready.「デジタル戦士準備完了」、2022年9月8日に、Digital soldiers #FightBack「デジタル兵士#反撃」と書いていますが、この4年前に、フリン中将はすでにデジタル・ソルジャーということばを使っていました。

フリン中将のコメントと、第1章でご紹介したドクター・ピチェニックのコメントを重ね合わせると、軍隊やCIA、FBIの勇士たちが展開したインターネット上の情報戦争が、後にQに発展したのだろう、と推測できます。

フリン中将は、2016年の5月から12月まで、OSYテクノロジーズ（ケータイ電話のデータを収集するペガサス・スパイウェアを開発したNSOグループの子会社）の重役を務めていました。ちょうどこの時期にOSYはQサイバー・テクノロジーズという子会社を作り、2016年6月15日にQというスパイウェアの商標登録をしていました。

Qの商標登録記録には、こう記されています。

「法執行の捜査対象となる個人を追跡するのに使用する通信監視用のダウンロード可能なコンピュータソフトウエア、及び通信監視用のコンピュータハードウエア」

以上の情報をつなぎ合わせると、Qは「NSAの情報と、Qというスパイウェアを使って得た常人が知り得ない情報を基盤にして、インテル専門家のフリン中将がアメリカ国民に真実を知らせるために展開した大覚醒作戦」であることが分かります。

フリン中将は、2020年7月4日（アメリカの独立記念日）に、軍関係者などの5人の親友と一緒に、憲法に対する忠誠の誓いを唱えているビデオを、ツイッターにアップロードしました。彼らは誓いの言葉の最後に、QのスローガンであるWWG1WGA = Where We Go One We Go All「1人が行くところにみんなで行く（我々は、仲間を見捨てたり、抜け駆けすることなく、一丸となって行動する）」を付け加えていました。

さらに、フリン中将は、トランプ大統領の次男、エリック・トランプと共にアメリカ各地で開かれている大覚醒集会に参加し、スピーチの後にエアーQ（指で宙にQと描く行為）を描き、

マイケル・フリンが重役を務めていた
OSY テクノロジーズの企業紹介サイト

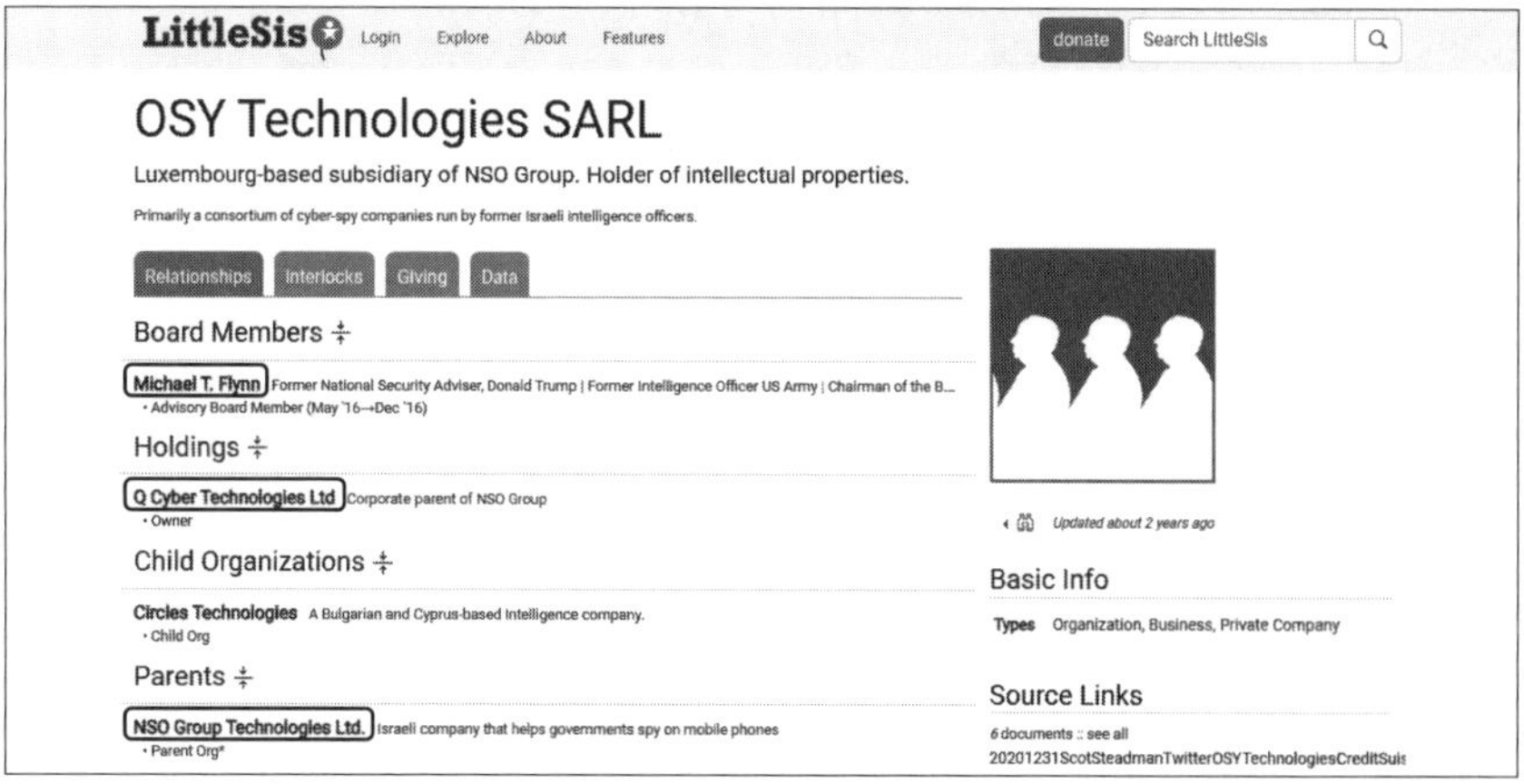

(https://littlesis.org/org/371797-OSY_Technologies_SARL)

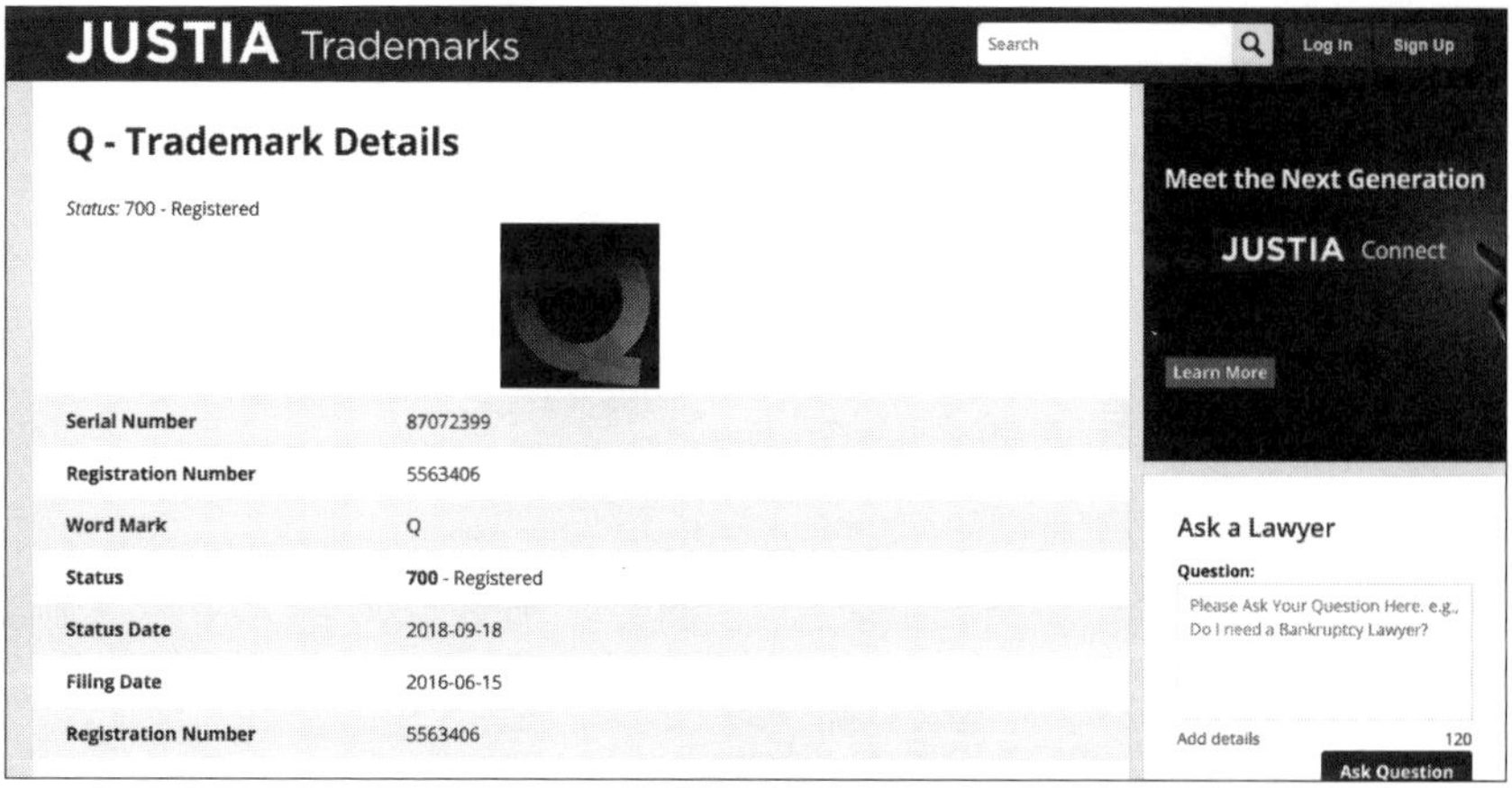

Q の登録商標
(https://trademarks.justia.com/870/72/q-87072399.html)

デジタル・ソルジャーたちの活動を褒めています。

Q トランプも認めるQの存在

トランプ大統領も、Qの存在を否定していません。

2020年8月19日に、大手メディアの記者に「Qアノンは、ペドフィリアで悪魔を崇拝するエリート集団から、あなたが子どもたちを救っていると信じていますが、どう思いますか?」と尋ねられた時、トランプ大統領はこう答えていました。「そんなことは聞いていないけど、それは悪いことなのか、それとも良いことなのか? もし僕が世界をいろんな問題から救う手助けができるのなら、喜んでそうするよ。喜んで難しい仕事を引き受ける。実際、僕たちは、この国を破壊に追い込む急進的な左翼思想から世界を救ってるんだ。アメリカが滅亡すれば、他の国々もアメリカの後を追って滅びてしまう。アメリカはそれほど重要な国だから」

その後も、トランプ大統領はQを否定することはなく、集会でエアーQを描いて、暗にQを肯定していました。

しかし、2022年の8月8日にFBIがマーララーゴを家宅捜索した後は、トゥルース・ソーシャルでQ支持者たちの投稿を転載し、2022年8月30日には左記のQのインテル・ド

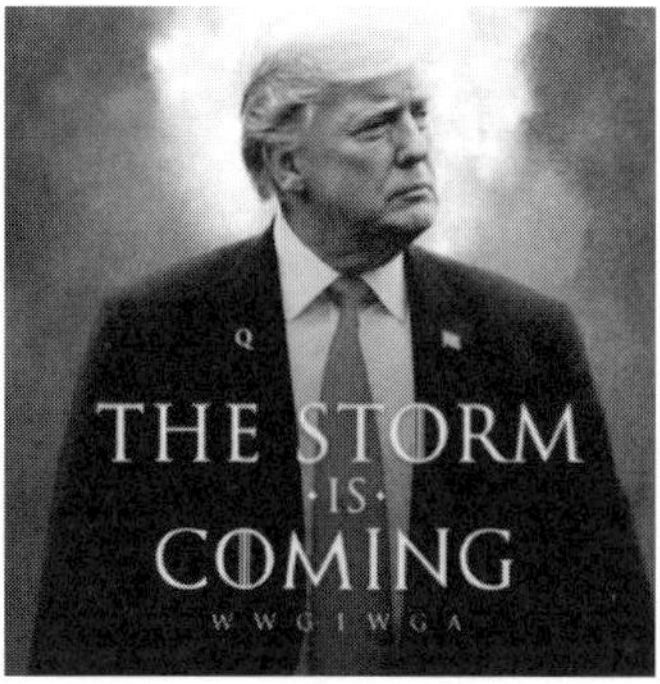

「嵐がやって来る、1人で行くところにみんなで行く（WWG1WGA）はQのスローガンだ
（https://archive.vn/EybcZ）

「これから起こること（真実の暴露、カバールの崩壊）を何も止めることことはできない」
（https://truthsocial.com/@realDonaldTrump/posts/109074021311022825）

右上に「Q」の文字が見える（https://archive.vn/WwgY5）

ロップを掲載しました。

要点：
軍事情報機関 vs FBI CIA NSA
承認や議会の監視なし
国家機密を最高裁が支持
軍の最高司令官は誰か？
大統領はどの条項に基づいて、軍事情報機関に3つの機関の調査を掌握させることができるのか？ どのような条件を提示しなければならないか？ なぜこれが非常に重要なのか？ 誰が大統領を囲んでいるのか？ 彼らはこの非常に重要な力を失った「政府の1つの領域は、腐敗しておらず、大統領に直接仕えている。

このインテル・ドロップを、パトリオットたちはこう解釈しています。
諜報活動は軍の諜報機関と連邦政府の諜報機関が行っているが、軍の諜報機関は議会の承認も必要なければ、上下両院の監視委員会の調査対象となることもない。なぜなら、最高裁が「軍は国家機密に関わる情報や書類を開示する義務はない」という判決を下したからだ。軍の最高司令官は大統領で、トランプ大統領は軍人に囲まれている。外国が選挙に干渉したり、外国がアメリカを侵略した場合は、軍事情報機関があらゆる捜査権を掌握できる。政府の中で唯一カバールに汚染されていない軍部がトランプ大統領にダイレクトに仕えているので、彼ら（カバール、ディープステイト）は情報収集管理能力を失った。

９月16日には、襟にＱのバッジをつけたトランプ大統領のイメージにTHE STORM IS COMIMG, WWG1WGA（嵐がやって来る、１人が行くところにみんなで行く）というＱのスローガンが書かれた絵画、９月27日には、トランプ大統領のイメージにNOTHING CAN STOP WHAT IS COMING.「これから起こること（真実の露呈、カバールの崩壊）を何も止めることはできない」と書かれた絵画を転載しました。

11月11日にも、トランプ大統領のイメージにＱのスローガンとＱという文字が書かれた写真を転載しました。

トランプ大統領は、この後もトゥルース・ソーシャルでＱ支持者のポストを頻繁に転載しているので、トランプ支持者の中には、もはやＱの信ぴょう性を疑う人はいません。

２０２２年12月に、愛国者たちの大覚醒集会でＱに関する質問を受けたフリン中将が、「ＱはＣＩＡのサイオプだ」と答えた後も、Ｑ支持者はひるむことなく、逆にＱのインテルを読み直す人が激増しました。彼のコメントは、「Ｑ支持者の中にディサンティスを推す人が増えたのは、CIA工作員がQムーヴメントに潜入したせいだ」と、示唆するための警告だったと思われます。

Qのインテル・ドロップの絶大な効力

Qの貢献度は計り知れません。

『ハリウッド映画の正体』、『フェイク・ニューズメディアの真っ赤な嘘』でも詳しく書いたことですが、ホワイトハットが一番恐れていたのは、裏事情を知らない軍人と退役軍人たちが、BLMやアンティファを倒すために武器を持って立ち上がることでした。

だからこそQは、40回も「Trust the plan「プランを信頼せよ」と投稿して、血の気が多い退役軍人たちを安心させ、実力行使に出ることを妨げました。

しかし、選挙の不正を暴露する草の根運動や、不正を糺《ただ》すための民事訴訟、マスクやワクチンを強制する学校区の理事のリコール運動などは、カバール打倒作戦の一環として必要な平和的抗議作業です。そのため、フリン中将やスコット・マッケイ、デイヴィッド・ニーノ・ロドリゲスなどのポッドキャスターたちが、「トラスト・ザ・プランのプランとは、国民が平和的、合法的、建設的な抗議をすることだ」と説き続けました。おかげで、2022年の中間選挙では、市議会や学校区教育委員会などのローカル・レベルでトランプ支持者の一般人が立候補して、彼らの多くが当選しました。

Qは、エプスタイン、ソロス、ザッカーバーグ、ビル・ゲイツ、トム・ハンクス、アンダーソン・クーパーの素性、オバマ、クリントン夫妻、ブッシュ親子、マケイン、ペロシ、ケリー、バイデン一族の悪事、悪魔崇拝や子どもの人身売買の実態など、大手メディアが報道しない裏情報を、フォロワーに教えてくれました。主なインテルはすでに『カバールの正体』の第Q章で詳しく紹介しました。

ここでは重複を避けるために、書ききれなかったインテルの中から、Qの効力を雄弁に物語るインテル・ドロップをいくつかご紹介しましょう。

まず、2017年11月1日のインテル・ドロップ19。これは、黒人が目覚めるきっかけとなりました（Dは民主党、D's は民主党議員・支持者たち　Rは共和党、マキシーンWは民主党幹部の黒人下院議員、マキシーン・ウォーターズです）。

なぜDは黒人をコントロールしたがるのか？
なぜ意図的に貧しい欠乏状態にとどまらせるのか？
なぜDはRに対して日常的に人種差別を投影するのか？

なぜ黒人議員たちはD'sのための狂言回しをしているのか？

D'sはどのように南軍、ＫＫＫを形成した歴史的事実を隠蔽し、
黒人のためになる法案に反対しているか？

もしD'sが黒人大衆を奴隷のように支配する力を失ったらどうなるのか？

なぜD'sは、ＣＩＡの資金を使って、ハリウッド／メディアの工作員を支えているのか？

これはモッキンバード作戦の部類に入るだろうか？

大手メディアと有名人が物語を売り込むことによって、
D'sはどのような歴史的な利点を得たか？

ハリウッドのペド・ネットワークを暴露したのは誰か？

今は答えが出せなくても、詳細が開示された時点で君たちは笑うだろう。

この偽りの筋書きをコントロールし、黒人を支配下に置くネットワークは、
解体されつつある。

地方や連邦の偽黒人指導者が、Ｄ党の手先として暴露されるだろう。

金の流れを追え。

マキシーンＷは４００万ドルの家と６００万ドルを超える現金資産を持っている。

そんなことが可能な理由は？　一例を挙げよ。

これらの質問はすべて、全体像を描くのに役立つ。

Qのフォロワーたちは、ネット検索をして、左記の事実に気づきました。

●民主党は意図的に黒人を貧しく保ち、福祉漬けにして、福祉を与える民主党の票田にしている。KKKは、南軍を組織していた人種差別主義者の民主党が作った。この史実を隠蔽し、共和党を人種差別の党と見せかけるのに成功したのは、大手メディアやハリウッド、記者やコメンテイター、セレブがCIAの支配下にあるから。民主党は大手メディアのフェイク報道、ハリウッドのセレブを使って、嘘にまみれた台本に沿った偽りの架空現実を構成している。

●議員が金持ちになれるのは、インサイダー取引や、カバールに都合のいい法案を通したご褒《ほう》美《び》として賄賂をもらえるから。

このインテルとトランプ大統領が連発する〝フェイクニュース〟という一言のおかげで、大手メディアとハリウッドがカバールにとって都合のいい偽情報を拡散し、都合の悪い事実を隠蔽するための情報コントロール機関であることが分かりました。

Qに最初に興味を持ったのは、特に政治に関心があるわけではないゲーマーたちだったので、彼らにとっては、モッキンバード作戦も〝初耳〟の情報でした。特に若い世代のゲーマーたちは、冷戦時代からCIAが大手メディアのジャーナリストを手下にして、アメリカ国民を騙すためのプロパガンダを流していたことを知って驚き、純粋にQのインテルに感謝しました。そして、Qの問いかけに応じて、宝探しを楽しむように、ゲーム感覚でネット検索に力を入れて、連邦準備制度の真相からペドフィリア、悪魔崇拝に至るまで、あらゆる真実を掘り出して、ジグソーパズルの全体像が見えるようになったのです。

2018年2月14日にパークランドの学校銃乱射事件が起きた後、Qのフォロワーたちがデイヴィッド・ホグやキャメロン・キャスキーなどの銃規制を訴える〝生存者〟の素性を調べ、彼らがクライシス・アクターであることを証明しました（詳細は『ハリウッド映画の正体』、『フェイク・ニューズメディアの真っ赤な嘘』参照）。

しかし、大手メディアは真実を無視して、銃所持権支持者を「人殺し！」と呼び、「銃規制をしないトランプのせいで子どもたちが死んだ！」と、わめき立てました。

そんな中、2月22日、Qは左記のインテル・ドロップを掲載しました。

インテル・ドロップ813

人が人を殺す。

君たちは映画を見ている。
彼らは君たちを弱者にしたい。
奴隷。
羊。
注意散漫。

Qのフォロワーたちは、「カバールが偽旗工作の銃乱射事件を使ってアメリカを二分し、互いに戦わせて、両者の力を弱めている。テロや戦争も銃乱射事件も、人々の注意をそらしてカバールの存在に気づかせないようにするためのサイオプだ」と、理解しました。

また、2018年6月11日には、トランプ大統領と北朝鮮の金総書記との会見に関して、You are watching a 'scripted' movie.「君たちはスクリプトに従った映画を見ている」というインテル・ドロップを掲載。さらに、Qは80回以上もEnjoy the show. と書いているので、Q支持者たちは、台本の存在に気づきました。そして、「この世の中で起きていることは、トランプ政権以前はすべてカバールが書いた台本に沿って展開されたことで、トランプ政権以降は、カバールの台本と平行して、ホワイトハットの筋書きに従った出来事も展開されている」と悟りました。さらに洞察力がある人は、トランプ大統領が銃乱射事件の真相を知らない振りをして、意図的に真相究明を避けて、銃規制派の横暴を許していることも、ホワイトハットの台本だ、と悟りました。ホワイトハットは、わざとカバールの暴政を許し、アメリカがカバールに乗っ取られたら銃所持権が奪われることを、国民に肌で感じさせたのです。

Enjoy the show. は、「この世は舞台で、ニュースになる出来事はすべてカバールかホワイトハットの台本に即した芝居だ」と教えてくれる最も重要なインテル・ドロップでした。これは、特にバイデン政権誕生後に、左派の横暴に堪忍袋の緒が切れた退役軍人たちが武装蜂起をすることを予防するための抑止力として役立ちました。

２０２１年10月21日、映画俳優、アレック・ボールドウィンが、撮影現場でアシスタントのハリナ・ハッチンスを射殺する事件が起きました。これは、助監督のデイヴ・ホールズが、誤って本物の銃弾を詰めた本物の銃をボールドウィンに渡してしまったせいで起きた惨事でした。

ボールドウィンは、人気コメディ番組、『サタデイ・ナイト・ライヴ』の準レギュラーとしてトランプ大統領の悪意に満ちたモノマネをしていることで知られる左翼の俳優です。プライヴェートでも口汚くトランプ大統領を罵り、トランプ政権誕生以来、「トランプを糾弾しろ！」と、繰り返し叫んでいました。また、ボールドウィンは１９９０年に『レッド・オクトーバーを追え』*Hunt For Red Ocboter* で、主役のジャック・ライアンを演じていました。この映画は、冷戦時代のソ連の潜水艦艦長と部下が、ムルマンスク港から出港した原理力潜水艦、レッド・

映画『レッド・オクトーバーを追え』のポスターを模倣して大きな話題になったインテル・ドロップ4800番

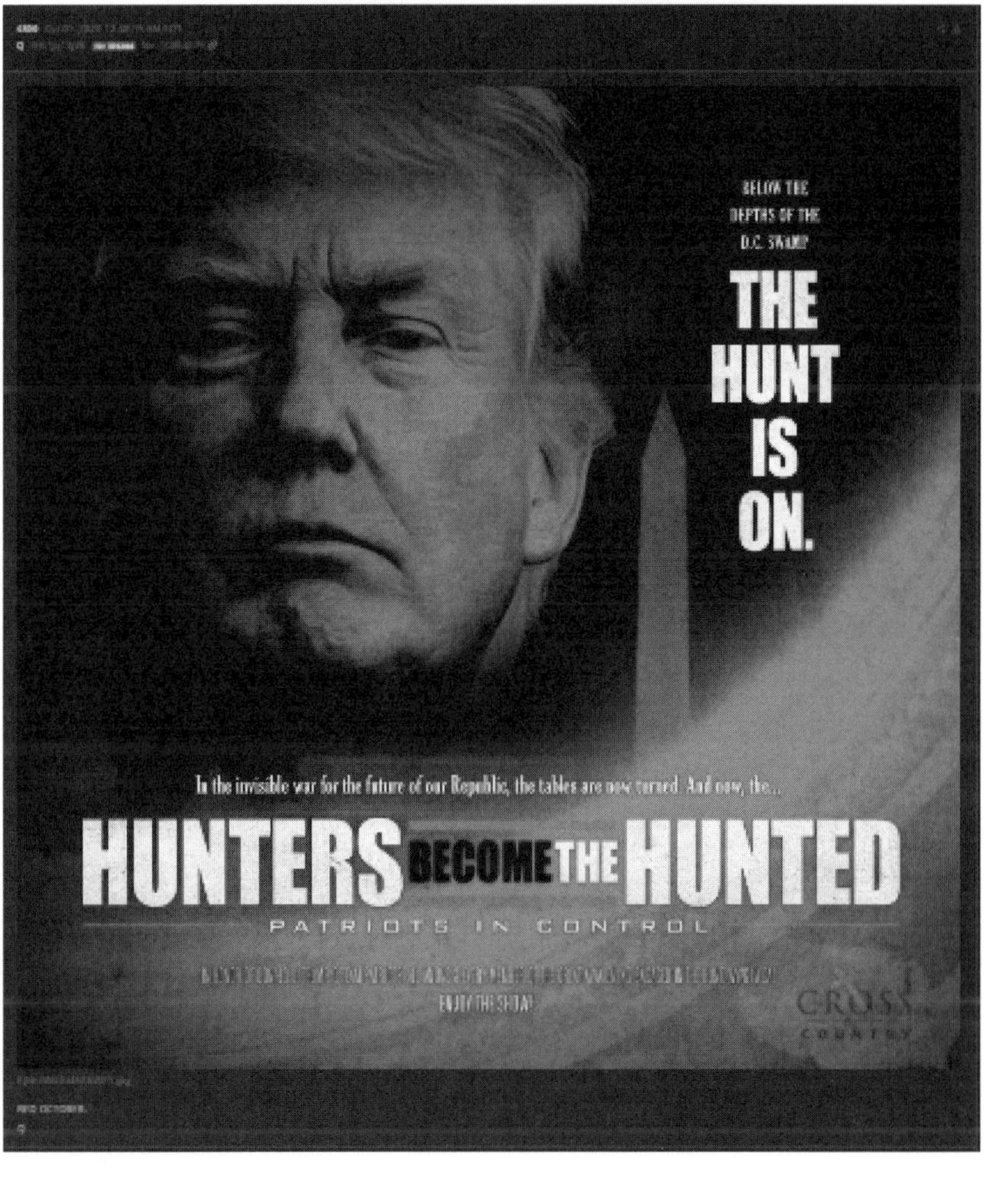

オクトーバーが事故で沈没したと見せかけて、密かにアメリカに亡命する、というお話です。ハリナの父親はソ連海軍の水兵で、彼女は北極圏にあるムルマンスクのソ連原子力潜水艦基地で育ちました。

10月に『レッド・オクトーバーを追え』の主演の俳優で、トランプ糾弾を叫んでいたアレック・ボールドウィンが、同作の舞台になったムルマンスク出身の女性を殺したこの事件のおかげで、Qが2017年11月から2020年10月にかけて10回以上もRED OCTOBERと書いていたことが、大手メディアのオンライン記事でも報道されました。

特に、映画『レッド・オクトーバーを追え』のポスターを模倣したポスター（潜水館長を演じたショーン・コネリーの顔をトランプ大統領の顔に、潜望鏡をワシントン記念塔に差し替えてある）がついている4800番目のインテル・ドロップは、SNSで大きな話題になりました。

また、ハリナの夫、マシュー・ハッチンスが勤める法律事務所は、ジェフリー・エプスタインやクリントン財団、ハンター・バイデンの脱税問題の弁護をしています。撮影現場は、エプスタインがアンドリュー王子などのセックス現場を隠しカメラで記録していたゾロ牧場のすぐ近くでした。さらに、デイヴ・ホールズは、1993年に『クロウ／飛翔伝説』の撮影現場で悪役の俳優に実弾入りの銃を渡し、その銃で撃たれた主役のブランドン・リー（ブルース・リーの息子）が死亡する悲劇を引き起こしていました。

あまりにも偶然が重なりすぎたこの事件は、Qのムーヴメントにまったく気づかなかった人や、Qを陰謀論として小馬鹿にしていた人々が初めてQのインテルに一目置くきっかけとなりました。

さらに、4800番目のインテルのポスターに、HUNTERS BECOME THE HUNTED, PATRIOTS IN CONTROL「ハンター（追う者）が獲物（追われる者）になる」、「愛国者が主導権を握っている」と書いてあったので、Q支持者たちは、「ハンター・バイデンを含む悪者どもが必ず逮捕されだろう！」と確信しました。

Q「未来が過去を証明する」

次に、Qが20回以上使っているFuture proves past. に関して、簡単に説明しておきましょう。直訳すると、「未来が過去を証明する」で、なにやら謎めいた表現ですが、意訳すると、「未来に起きることが過去に与えたインテルが正しかったことを証明する」となります。

ロシア疑惑やウクライナ疑惑、エプスタインのペドフィリアなどに関するQのインテルが正しかったことは、すでに大手メディアでも証明されているので、わざわざ私が書く必要はありません。

その代わりに、ここではこの本を書いている時点で話題になっているインテルを2つご紹介しましょう。

まず、2017年11月20日に発信されたメッセージを見てみましょう。

ボット、到着次第、解除される。

この調子で頑張れ。

広がっている。

掲載時は、このインテルの真意は分かりませんでした。しかし、このきっかり5年後の2022年11月22日、大手メディアが「イーロン・マスクが行った〝トランプ大統領のツイッター・アカウントを再開すべきか?〟というアンケートが、ボット探知・削除のための罠だったのではないか?」と伝えました。これで、やっと5年前のインテルの本当の意味が分かり、Q支持者たちは、「これぞまさしくFuture proves past. の好例だ!」と思いました。

アンケート結果は、再開派が52パーセント、再開反対派が48パーセントでしたが、恐らくイーロンは反対票を投じたカバールのボットの発信源を突き止めただろう、と思われます。ちなみに、トランプ大統領は、トゥルース・ソーシャルでメッセージを発信していて、ツイッターに戻る気はない、と言っています。

さて、そのトゥルース・ソーシャルは、大手メディアの報道を鵜呑みにすると〝まったく人気のないソーシャル・ネットワーキング・サービス〟だと思えてしまうでしょうが、保守派の間では絶大な人気を誇っています。

大方の人は、トランプ大統領がこのサービスを作ったのは２０２１年にツイッターのアカウントを閉鎖された後だと思っています。しかし、実際は、先見の明があるトランプ大統領は、大統領になるずっと前からツイッターに対抗できるソーシャル・ネットワーキング・サービスを立ち上げる計画を進めていました。

ドメイン登録サイトを検索してみると、なんと２０１１年11月18日（2011-11-18）に登録していたことが分かります！

実は、２０１８年4月21日にQが、こう書いていました。

アメリカは再び統一される！

11.11.18.

この時点では、誰も 11.11.18. が何を意味するのか分かりませんでしたが、今、もう一度見直してみると、これがトゥルース・ソーシャルのドメイン登録日を指していたことが分かります。つまり、このインテルは、「検閲のない情報提供・意見交換の場所ができて、実は極左以外の人間たちには共通点のほうが圧倒的に多いことが分かり、アメリカが再び統一される」と言っていたのです。

この2つはFuture proves past.の氷山の一角に過ぎません。

ここで忘れてはならないのは、発信時には意味不明のインテルが後に正しかったと分かる理由は、Qが超能力者のような予言の才能を備えているからではない、という点です。Qは、あるときは天気予報官のように過去の経緯から将来の方向性を確実に予測し、ある時は脚本家として現在と未来のシナリオを書いているのです。

前者のケースは、スパイウェアで入手した膨大な情報を分析して、人間の行動や社会の活動を予測する作業なので、コンピュータがチェスをしているようなものです。一方、後者は、1998年に出版された『ブレジンスキーの世界はこう動く！――21世紀の地政戦略ゲーム』に書いてあったことが21世紀に実現したのと同じです。本に書いてあった通りにウクライナがNATO参加を求めているのは、ブレジンスキーに予知能力があったからではなく、ブレジンスキーが作った台本通りにディープステイトがウクライナをコントロールしているからにすぎません。

Future proves past. は、この世の中で起きていることのほとんどが偶発的なものではなく、99パーセントの人間は影の支配層の操り人形だ、と人々に知らしめた名言です。

ただし、2017年以降の出来事の一部はホワイトハットのシナリオに基づく展開です。

何度も書いていることですが、ホワイトハットはカバールの悪事の証拠をすべて摑んでいて、ほとんどの証拠は国民の8割以上が目覚めた時点で開示されるはずです。

次に、今後の展開を暗示する2018年11月11日（中間選挙の5日後）のインテルを見てみましょう。

もし、以下のことが証明されたらどうなるか？

1．選挙＋民主党の職員が何千枚もの白紙の投票用紙を記入していた？

2．選挙＋民主党の職員が「合法的な」投票用紙を取り除き、破棄した？

3．選挙＋民主党の職員が意図的に非市民の投票を組織した？

4．選挙＋D党の役人が、全米の［XX］所で、「投票総数を変更する」目的で何千もの「白紙」投票用紙を［鍵を締めて］保管していた？

誰が「白紙」投票用紙を保護するのか？

誰が「白紙」投票用紙を発行するのか？

誰が「白紙」投票用紙を管理するのか？

作成された「白紙」投票用紙の数 vs 郡の総人口？

白紙投票用紙の管理と発行が鍵だ。

なぜ「今問題になっている」郡は、不正投票調査委員会の有権者登録情報提供要請を拒否したのか？

なぜ不正投票調査委員会は解散させられ、DHSが任務を引き継いだのか？

DHSは委員会組織と比較してどのような権威を持っているのか？

（11月5日、トランプとセッションズ司法長官、不正投票に厳罰を科す、と警告）

門前の敵。


Qが「もし下記のことが証明されたら？」と問いかけたときは、「ホワイトハットが証拠を掴み、下記のことが証明できる」という意味だ、と解釈してください。

近い将来、民主党の不正が暴露され、不正投票を指揮した州務長官（白紙投票用紙を管理する役職）たちが投獄されるでしょう（単に調査をするだけの不正投票調査委員会と異なり、DHSは捜査対象者を監視し、犯罪を取り締まる権限を有しています）。

Q「正義が訪れる」

最後に、製薬会社に関するインテルを3つご紹介しましょう。
まず、インテル252。

赤十字は腐敗し、貯金箱として利用されている。
将来のトピック
権力者一族が作り出した病気（人口制御＋製薬会社　何十億ものキックバック）。
エイズのことを考えてみろ。
将来のトピック。
関連あり。

Qは、赤十字が資金集めと資金洗浄の組織であり、ファウチが人口削減のためにエイズを作り、製薬会社がエイズ治療薬開発援助金で儲けている、とほのめかしています。
次に、インテル693。

大手製薬会社はどうやって儲けるのか？
治すのか、抑制するのか？
癌、エイズ、その他。

最後に、インテル６９４。

もし治療法がすでに存在するとしたら？
治療法開発のために提供される（公的／私的／政府）何十億ドルもの資金は？
羊。

あいつらは病気だ。

「もし治療薬がすでに存在するとしたら？」は、「治療薬がすでに存在する」という意味です。
Qは、すでに治療法が存在するのに、製薬会社は莫大な開発援助金をもらって、カバールの資金稼ぎを助けている、と示唆しています。公的機関や政府の援助金は明らかに国民の血税で、クリントン財団やロックフェラー財団、ソロスのオープン・ソサイエティなどの私的機関も、政府から〝慈善事業のための援助金〟を得ています。つまり、カバールは自分たちが作った病気で人口を削減すると共に、金づるになる患者は適度に生かして、高い薬を売りつけて儲けると共に、治療薬を隠して〝治療薬開発〟を口実に巨額の資金を国民からせしめている、ということです。

Qは憶測でコメントをすることはありません。

エイズを作り上げ、真の治療薬を隠して、病気を抑制するだけの中途半端な薬で延々と儲けている製薬会社、それを仕切るカバールの連中は、まさに病的なゆがんだ人間です。2020年9月14日のインテルは、Justice is coming.「正義が訪れる」です。

過去のこのインテルが真実だったと証明する未来が、一日も早く訪れますように！

第10章　大覚醒

People awake is their greatest fear. Q

彼らが最も恐れているのは目覚めた人々だ。Q

シベル・エドモンズ、ロバート・デイヴィッド・スティールなどの内部告発者や保守派ポッドキャスター、Q、デジタル兵士たちのおかげで、トランプ支持者の多くがカバールとディープステイトの正体を見抜けるようになりました。そして、彼らは、今、アメリカで起きていることとアメリカの真の歴史を、周囲の人々や親類縁者に知らせ、目覚めた人の数が徐々に増えていきました。

この章では、やっと明るみに出てきた真実の中から、日本の読者にとっても興味があると思われる事項をお届けします。

Q 同じ台本を使い続けるカバール

カバールは、惨事や危機を作り上げて、自分たちに都合のいい解決策を提示する、という形で政策を武器化しました。この手口が分かった人々は、パターン認識の技を身につけ、左記の仕組みが見えるようになりました。

●FTXの破産 ―― 庶民を守るために暗号通貨を政府が管理する必要がある ―― 連邦準備銀行が仕切る暗号通貨導入。
●2022年暮れに悪天候とパイロット不足のため何千便もの飛行機がキャンセルされて何万人もが空港で立ち往生（恐らく気象兵器で大雪を降らせた）―― 庶民を守るために連邦政府が航空会社を取り締まらなくてはならない ―― 空の旅も連邦政府の管理下に置く（＝社会信用システムで認可された人間しか飛行機に乗れないようにする）
●コロナのワクチンで心臓の機能低下 ―― モデルナ、心臓病に効き、心臓の機能を高めるためのmRNAワクチンを開発。
●飲酒運転は危険 ―― 飲酒運転防止のためにすべての車に強制停止スイッチを設置（カバールに逆らう人間が車を使えないようにする）。

●地球温暖化は深刻な問題――環境保護のためにカバールの手下の電力会社が個人の家のサーモスタットを管理。

カバールの伝統芸、グラディオ（偽旗工作）の手口を学び、議事堂侵略がＦＢＩやＣＩＡのグラディオだったことが見えてきました。

●侵入を煽ったレイ・エプスは、甥《おい》に「オレが仕組んだ」と、テキスト・メッセージを送り、彼の弁護士は元ＦＢＩエージェント。

●角付きの毛皮をかぶったジェイク・アンジェリは、極左環境保護活動家でトランプ支持者ではない。

●議事堂侵略に参加して、アンジェリと一緒に写真を撮っていたセルゲイ・ディビニンは、ウクライナのネオナチで、２０１４年にウクライナでディープステイト（オバマ、バイデン、マケイン、ジョン・ケリー、ロムニー、ペロシ、クロブチャー、リンジー・グラム、ソロス、ニューランド［ヌーランド］など）が仕組んだカラー革命で活躍していた。

カバールが同じ台本を使い続けて、歴史を繰り返していることが見えた人々は、院内総務選の混乱を見て、２０２３年に何かが起きる、と察知しました。

２０２３年の下院院内総務選挙は1月3日から始まり、4日後の1月7日午前12時28分に、15回目の投票でやっとケヴィン・マッカーシーに決まりました。院内総務が一度の投票で決まらなかったのは、ちょうど１００年前の１９２３年で、3年前の１９２０年には、スペイン風邪のパンデミックで約５０００万人が死んでいました。そして、１９２３年6月、シチリア島のエトナ火山が噴火し、7月にはカバールに逆らったハーディング大統領が心機能不全で倒れて8月に死にました。院内総務選のもつれがカバールの台本に沿った行事だったとすると２０２３年にどこかの火山が噴火し、バイデンが消されるでしょう。

世界経済フォーラムのサイトは、1月2日の段階で、すでにケヴィン・マッカーシーの肩書きを下院院内総務と表示していたので、マッカーシーの当選が台本通りだったことは確かです。

しかし、マッカーシーがついに選挙に勝った日のちょうど4年前、２０１８年1月7日のQのインテル・ドロップは、

良い［勝利］
［勝利］いつ
［15］

だったので、これはホワイトハットの仕込みだった可能性も高いです。どちらの台本にせよ、台本がある、と察知した人が増えたのは、大覚醒を早めたいホワイトハットにとって嬉しいできごとです。

Q 2025年から新時代が始まる

トランプ大統領の首席戦略官だったスティーヴ・バノンが推奨する「11・5年～20年のサイクルで時が進んでいる」という説を信じている人々も、大覚醒に貢献しました。〝約20年ごとに世代が交代し、ほぼ80年ごとに新しい時代が訪れる〟という説を、アメリカの歴史に当てはめると、こうなります。

1781年に独立戦争が事実上終わり、建国、領土拡大、モンロー主義、アメリカンの土台確立を経て、80年後の1861年に南北戦争が始まり1865年に終戦。西部開拓時代、帝国時代、繁栄、大恐慌を経て、80年後の1945年に第2次世界大戦が終結。冷戦、ベトナム戦争／カウンター・カルチャー、一極支配、破綻を経て2025年、トランプ大統領2期目にアメリカが再生する。

実は、スピリチュアル系、ニューエイジ系の人にも、このサイクル説を信じている人が多く、彼らも2025年から新時代が始まると思っています。ただし、彼らは、このサイクルは自然発生的、あるいは、星の動きによるものだと考え、トランプ派の人々は、このサイクルはカバールの台本だと思っています。どちらにせよ、トランプ派がこのサイクル説を信じたこと、そして、トランプ大統領が1月6日に、「2024年は怪物（もちろん良い意味で！）のような年になる」と、トゥルース・ソーシャルに書き込んだことで、正義感が強い退役軍人たちの武装蜂起を防ぐことができました。

Q「君たちは映画を見ている」

Qが、「映画をおもしろくするのは役者だ」とほのめかし、「君たちは映画を見ている」と教えてくれたことで、〝選挙も論争もデモもプロレスと同じで、議員も活動家も評論家も、それぞれの役割を演じているだけだ〟ということが分かりました。

●ハンター・バイデンのラップトップのおかげで、フォックスの顔、タッカー・カールソンが、息子をジョージタウン大学に入学させるための推薦状を、ハンターに書いてもらったことが発覚（タッカーもコントロールド・オポジションだった）。また、2012年の選挙でオバマとロムニーが談合し、オバマは選挙の前に自分が勝つことを知っていたことも、明らかになった。

●ジェフリー・エプスタインはヘッジファンドの重役を演じていただけで、実際はハニートラップで恐喝素材を収集するカバールの工作員だった。
●アレクサンドリア・オカシオ・コルテスは、2つの左翼団体、ジャスティス・デモクラッツとサンライズ・ムーヴメントのオーディションで選ばれた人材で、〝リベラル派活動家の政治家〟を演じているだけ。
●議事堂侵入でワシントンDCの警官としてトランプを批判し続けたマイケル・ファノーニは、テレビに出るやいなやハリウッド最大のキャスティング会社、CAAに所属し、ハンター・バイデンやショーン・ペンと仲良しになった。CAAの実態は、セックスや悪魔崇拝儀式用の少年少女を斡旋する人身売買組織。
●ゼレンスキーは下ネタが得意なコメディアンで、テレビ番組で大統領を演じていた。
●ローザ・パークスは共産思想洗脳教育を受けたクライシス・アクトレスだった（詳細は『ハリウッド映画の正体』参照）。
●キング牧師は女好きの共産主義者で、黒人人口削減のための中絶を〝黒人の地位向上に役立つ良策〟として黒人に売り込んでいた（詳細は『フェイク・ニューズメディアの真っ赤な嘘』参照）。
●NAACP（全米黒人地位向上協会）はコカコーラからカネをもらって、ジェシー・ジャクソン牧師、アル・シャープトン牧師などの黒人インフルエンサーに、「糖分の多い飲み物への課税は黒人差別だ」と言わせていた。

●マザー・テレサは聖人を装い、実はインドで赤ん坊を売り、ロバート・マクスウェル（モサドのスパイ、娘はエプスタインのハンドラー、ギレーヌ）とも会っていた。

Ｑケネディ夫人はＣＩＡ工作員だった

Ｑが何度も、妻のコネクションを調べろ、と示唆したことで、ジャッキー・ケネディがＪＦＫのハンドラーとしてＣＩＡが手配した人材だった状況証拠が続々と出てきました。紙面の都合があるので、ここでは主なものだけご紹介しましょう。

●ジャッキーは名門、ブーヴィエ家の出身で、ＣＩＡの全身であるＯＳＳは大富豪のエリートたちをスパイとして使っていた。

●母親は、ブーヴィエと離婚した後、ロックフェラー一族が設立したスタンダード・オイルの株主、ヒュー・オーキンクロスと再婚。

●ジャッキーをケネディに紹介したチャールズ・バートレットは、7世代に渡るイェール大学出身者で、第2次大戦中は海軍で活躍し、ジョージ・H・W・ブッシュとも親友で、記者になった後はピューリッツァー賞をもらっていた。

●ジャッキーとケネディの最初の赤ん坊は死んだ（初子のいけにえはカバールの手下になるための儀式で、バイデンの最初の妻との間の長女も死んだ。父ブッシュの父親プレスコット・ブッシュはじつはナチの将校、ゲオルグ・シェーフ、クリントンはロックフェラーの血を引き、オバマの母親はイラン革命やインドネシアのクーデターを起こしたCIA工作員で、彼らは生まれながらにカバールの手下だから生贄《いけにえ》儀式は無用）

●イルミナティの血族にケネディ一族が含まれている。

●ケネディはアメリカ軍を解体して、アメリカを国連の支配下に置こうとしていた。

●暗殺の10日前にCIA長官に送った、とされるメモに、「ソ連との宇宙・月共同開発プログラムを開始する。未知のものに関するデータをNASAとシェアしろ」と書かれていた。

●暗殺後、オナシスと結婚したジャッキーを追いかけて写真を撮っていた元祖パパラッチ、ロン・ガレラはアメリカ空軍のカメラマンで朝鮮戦争などで偵察写真を撮っていた。

こうした流れを見てみると、ケネディは最初はお目付役の妻に従ってカバールの言うことを聞いていたものの、後にソ連と仲良くしようとしたり、CIAがUFO関連データを独り占めすることを拒んだので殺された可能性も出てきます。ガレラも、ただのパパラッチではなく、ジャッキーが秘密を漏らさないように見張っていたのでしょう。

『ハリウッド映画の正体』に詳しく書いたことですが、ハリウッドが歴史上・実在の人物を褒める映画を作ったときは、その人物はカバールの手下だ、と考えてほぼ間違いありません。映画制作の理由は、その人物の悪事から目をそらすためのミスディレクションと、英雄化するためのサイオプです。ケネディを褒めちぎる数々の映画は、暗殺共謀者の1人、父ブッシュの罪と、ジャッキーの罪を隠すためのミスディレクションなのです。

ちなみに、ケネディ夫人が美しい、というのも、ファッション業界のサイオプです。目がはなれたケネディ夫人の顔は決してアメリカ人好みの顔ではありません。ファッション業界は、あり得ないファッション感覚のオバマ夫人（実は男）を〝エレガント〟と褒めまくり、元スーパーモデルのメラニア夫人を無視し続けました。

Q 悪魔崇拝とペドフィリアを通常化するためのサイオプ

人間の背骨を持ち手として使ったハンドバッグや、人間の血液が入ったスニーカーがもてはやされ、子どもの性的魅力を強調するファッション業界も、マリナ・アブラモヴィッチの悪魔崇拝儀式や、バレンシアガ2・0（ウクライナのフォトスタジオ）のビニール袋に包んだ子どもの写真を芸術とみなすアート業界も、悪魔崇拝とペドフィリアを通常化するためのサイオプ執

持ち手に人間の背骨を使ったハンドバック

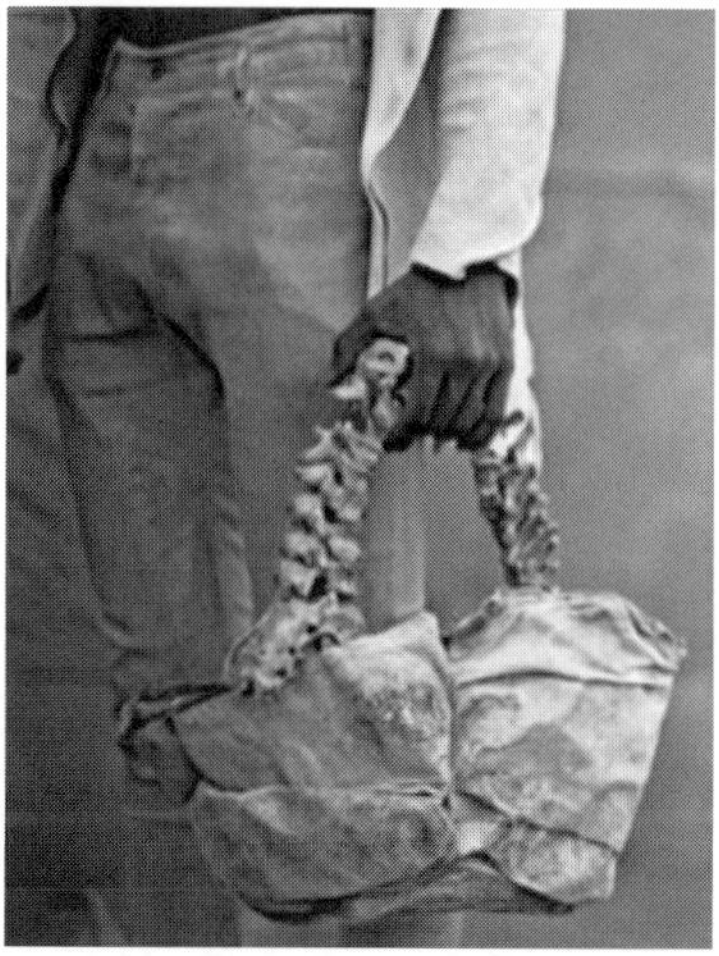

（https://web.archive.org/web/20200421180622/https://www.indy100.com/article/arnold-putra-bag-human-spine-alligator-tongue-influencer-9464556）

バレンシアガ2.0（ウクライナのフォトスタジオ）のビニール袋に包んだ子どもの写真を芸術とみなす、悪魔崇拝とペドフィリアに骨の髄まで汚染されたファッション業界（https://archive.fo/3AYFn）

行機関です。グッチの跡継ぎ、アレクサンドラ・ザリーニが、「義父に性的虐待を受け、祖母のパトリシア・グッチが黙認した」と訴えている裁判で、真実が明かされる日が早く訪れますように！

さて、エイリアンに関しては、私の親友、ユリ・ゲラーが、「ペンタゴンの冷蔵庫に保存してあるエイリアンを、ヴェルナー・フォン・ブラウンが見せてくれた」と言っているので、存在することは事実です。ただ、悪いエイリアンが人類を奴隷にしようとしているのか、良いエイリアンが地球を救おうとしているのか、などの詳細に関しては、私には分からないので、これ以上の記述はできません。

次に、度を超したサイオプが裏目に出た例をいくつか見てみましょう。

●2020年の大統領選で、票集計所のデスクの下に偽投票用紙を入れたケースを隠し、真夜中にケースを引き出して偽投票用紙を集計機に入れたジョージア州の民主党工作員母娘に、バイデンは大統領勲章を授与した。母、ルービー・フリーマンが不正調査をしていた警官に、悪事を認めていた証拠テープは大手メディアでは無視されたが、ネット上では拡散されていたので、トランプ支持者があきれ果てた。

●バイデンは、「不法移民激増は前政権の悪政策のせい」と、言ってのけた。

●2023年1月7日、バイデンが初めて国境の街、エル・パソを訪れる前に、民主党市長が街中にむらがっていた不法移民を除去して清掃した。SNSとフォックスが除去前と除去後の映像や写真を見せたので、それを見た中道派が、「ポチョムキン村か！」と呆れた。
●下院にゼレンスキーの胸像を飾る案が出されたことで、反対派がウクライナの汚職や人権無視を批判し、ウクライナでは子どもの売春で罰を受けるのは客ではなくて子どもだ、という事実が拡散された。

Q コロナ関連、人口削減、エリザベス女王、極左教育

コロナウイルス関連の目覚ましイヴェントも、いくつか拾っておきましょう。
●新型コロナウイルスがクラーケン株と命名された。おかげで、2020年の選挙の後にシドニー・パウエルが言ったひと言、「不正暴露のためにクラーケンを放つ！」に再び注目が集まり、トランプ支持者は「この命名はホワイトハットの合図だ」と思った。
●18歳の女性格闘技スターが急死し、NFLのダマー・ハムリンが試合中に急に倒れて意識不明になったことで、シープルの一部がワクチンの危険性に気づいた。
●ロシア国防省のキリロフ将軍が、「ハンター・バイデンと国防省の資金援助を受けて、ファ

ウチなどのＮＩＨ（アメリカ国立衛生研究所）の科学者がコロナウイルスを作り上げた証拠がある」と、証言していることが、イーロン・マスクのおかげでやっとツイッターで拡散された。

●製薬業界の内部告発者が「コロナのワクチンは人口削減のために米軍が作った生物兵器だ」と、証言。

●ロックダウン初期に、大富豪たちの地下の豪邸が話題になったおかげで、ナチスが建造した地下都市、冷戦時代の豪華な地下防空壕、DUMBs（Deep Underground Military Bases 深い地下にある軍の基地）が実在することが分かった。

さまざまな状況証拠から、カバールが人口削減はしても人類を皆殺しにはしない理由も、やっと見えてきました。

●『ソイレント・グリーン』（人肉が食料源になっている近未来を描いた映画）の舞台は２０２２年のニューヨーク。カバールは、人肉は食べないだろうが、臓器や血の提供者として適度な数の人間を生かしておく必要がある。

●若者や子どもの血の輸血による若返り法も実際に使われている。

●生贄の儀式のためにも赤ん坊や子どもが必要。

●エリートの寿命延長のための人体実験の素材も必要。

●ロボットやアンドロイドができないこともあるはずなので、やはり奴隷が必要。
●血を混ぜて作ったコンクリートは通常のものより軽くて丈夫。
●骨は肥料にもなる。

２０２３年1月現在、ワシントン、コロラド、オレゴン、ヴァーモント、カリフォルニア、ニューヨークの６州が、人間の死体を肥料にすることを合法化しています。

エリザベス女王の葬式は、カバールの元締めが英国王族であることを知らしめました。大手メディアは、そもそもアメリカを属国に戻そうとするカバールが作ったプロパガンダ機関（詳細は『カバールの正体』参照）なので、一日中葬儀を中継していました。そして、「カナダ、オーストラリア、ニュージーランドでは、政治家は就任時に、移民は国籍取得時に、英国の王・女王に忠誠を誓い、政治家は〝英国王・女王の枢密院 Privy Council で語られたこと、知らされたことを口外しない〟と誓う」という、アメリカ人にとって超オドロキものの事実を教えてくれました。これを知って、すでに目覚めた人々が、「だからロシア疑惑ねつ造に英国のみならず、カナダ、ニュージーランド、オーストラリアも絡んでいたんだ！」と、深く頷《うなず》きました。

極左教育の横暴も、親の目覚めに役立ちました。

バイデン政権下の学校制度は、幼稚園児にドラッグ・クイーン（女装の男性）のショーを見せ、親に内緒でトランスジェンダー推奨洗脳教育を行っています。そのため、性転換手術を希望する子どもが急増し、訴訟を起こす親が続出してて、トランプ大統領の大統領上級顧問を務めたスティーヴン・ミラーが設立したアメリカ・ファースト・リーガルが、親たちの訴訟を助けています。

Q ツイッター内部事情暴露ファイル

ツイッター内部事情暴露ファイルが、ＳＮＳもメディアも政府の報道規制執行機関だと証明したおかげで、多くの人々が気づいたことも特筆に値します。

●トランスジェンダー、環境保護、選挙の不正、ワクチン、ＢＬＭ，アンティファなど、あらゆることに関する左翼の見解は、少数派の偏見に過ぎない。

●ＦＢＩとツイッターがハンター・バイデンのラップトップに関するツイートを削除して有権者の意見を操作したことも、外国政府がツイッターの検閲に関わって民主党に不利な情報を削除したことも、選挙干渉なので、違憲行為である。

●イーロンが12月10日に「ツイッターは犯罪現場だ」と、ツイートし、13日に大手メディアとジャーナリストのチェックマークを青から黄色に変えたことで、大手メディアはイエロー・ジャーナリズム（低俗で扇情的な誇張報道）だと分かった。

ＳＮＳの検閲（世論操作）は選挙干渉のみならず、コロナに関する偽情報（ヒドロキシクロロキンやイベルメクチンは有害、ワクチンは安全）による殺人という重罪も犯しています。これは、アメリカ政府が自国民に対して、ＳＮＳを兵器として使った情報戦争以外の何物でもありません。

フェイスブックもツイッターもＤＡＲＰＡ《ダーパ》（アメリカ国防高等研究計画局）の産物であることも考慮に入れると、ＳＮＳの検閲は、ポッスィ・カミタタス・アクト（民警団法：アメリカ国内で米軍を起動してはいけない）違犯です。アメリカに対して戦争を仕掛け、敵を援助することは反逆罪であることも忘れてはいけません。

共和党が多数党になった下院は、政府機関を兵器化して国民を襲うバイデン政権を調査するための特別委員会を結成し、ＭＡＧＡ戦士のジム・ジョーダンが委員長になりました。ポッスィ・カミタタス違犯の刑罰は、程度に応じて罰金、最高20年の禁固刑、反逆罪の罰は死刑、５年以上の懲役および１万ドル以上の罰金です。

Q ヒラリーとオバマの悪事

ウォールストリートの不正を告発したことで、左派からも尊敬されていたパトリック・バーンのスピーチで分かったことも、特筆に値します。

●バーンのアレンジで、2016年1月14日、ワシントンDCのホテルで、アゼルバイジャン人がヒラリーに1800万ドル手渡した。ディープステイトがこの証拠を記録し、ヒラリーが大統領になった後、オバマの指示に背かないようにするための恐喝素材として保管していた。ヒラリーの8年の後は、ミシェル・オバマが大統領になることが決まっている。

●2021年11月、ハンター・バイデンがパキスタンの国防大臣の息子を通してイラン政府に、「韓国の銀行に凍結されているイランの80億ドルを僕の父親がそっちに返還してやるから、見返りとして8億ドル指定の銀行に振り込め」と、言っていた。その後、ハンターは、ある交換条件を提示して、「その代わりに核弾頭10個の保有を許してやる」、別の交換条件を提示して、「見返りに20個の核弾頭の保有を許可してやる」と言っていた。

●9・11以降、シール・ティーム・シックス（海軍特殊部隊）の約半数がディープステイトの護衛となった。彼らはさまざまな政府機関に配置され、NSA、CIA、FBI、NRO（アメリカ国家探偵局、ペンタゴン諜報機関）の情報を元に、ブラックメイルなどを駆使してバイデンやヒラリーを守っている。彼らのリーダーは、バイデンと同じデラウェア州出身のティム・スィマンスキー元海軍中将。

●ロシア疑惑ねつ造と2020年の選挙の不正に深く関わった法律事務所、パーキンス・コイのマーク・イライアスは、トランプ大統領のパソコンにチャイルド・ポルノを植え付けようと企んでいた（パーキンス・コイは、オバマ、ヒラリー、ジョン・ケリーなどの法律顧問を務めている）。

●オバマは、ロシア疑惑ねつ造のために使ったロシア人女性、マリア・ブティナを「レイプして殺せ」と、バーンに命じていた。

ディープステイトは、バーンに、「10億ドルあげるから、黙っていろ」と命じましたが、独身で、癌を患っているバーンは、告発を続け、「早く軍事法廷で証拠を提出したい」と発言しています。

Q「1人が行くところ、皆が一丸となって行く」

ここで、目覚めに関するQのインテルを2つご紹介しておきましょう。

まず、2020年6月13日のインテルから。

悪が光の中に追い込まれた時、初めて悪を打ち負かすことができる。
彼らがもはや［影］の中で活動できなくなったとき、
人々は初めて自力で真実を見ることができる。
人々が［自力で］真実が見えたとき、
人々は初めて彼らの欺瞞の正体を理解できる。
百聞は一見にしかず。
大衆に真実を告げても理解してもらえないときもある。
真実を見せなければならない。
そうして初めて、人々は変化をもたらす意志を見出す。
これしか方法がなかった。
これは単なる4年ごとの選挙ではない。
GOD WINS（神が勝つ）
Q

２つめは、星条旗と共に掲載された２０２０年9月9日のインテルです。


泥沼は深い。

人に真実を告げても効果がないときは
真実を見せなければならない。

崖っぷちに立たされて、初めて人々は変わろうとする（参加しようとする）意志を見出す
ことができる。

私たち人民は、長い間、裏切られてきた。

君たちは、立ち上がるか？

神と国のために。

自由のために。

人類のために。

WHERE WE GO ONE 我々のうち１人が行くところに
WE GO ALL 皆が一丸となって行く!!!

Q

Q トゥルース・ソーシャルの影響力

目覚まし作戦におけるトゥルース・ソーシャルの影響力も忘れてはいけません。

トランプ大統領は、トゥルース・ソーシャルで、選挙の不正やSNSと政府機関の共謀などさまざまな真実を告げる記事を頻繁に紹介して、シープル開眼作戦を展開しています。また、バイデン政権やメディアのダブル・スタンダードを鋭く指摘すると共に、バイデン政権が作り上げたあらゆる問題に対する解決策を提示しています。

トランプ大統領がトゥルース・ソーシャルで情報を発信する度に、トランプ支持者たちがPresident Trump truthed out a new solution / his rebuttal.「トランプ大統領が新しい解決策／反論をトゥルース・アウトした」、President Trump retruthed Gen. Flynn's post.「トランプ大統領がフリン中将の投稿を再びトゥルースした」のように truth「真実」を動詞として使っています。Trump truthed, Trump retruthed と言われる度に、トランプ大統領と真実の関係が強化され、トランプ大統領が常に真実を告げている、という事実の刷り込みができるのです。

Truth Social という名前は、「現政権下（2016年はオバマ、今はバイデン）のアメリカはグレイトではない」と示唆するMake America Great Againに匹敵する見事なポジティヴ・サイオプと言えるでしょう！

次は、Qが何度も「Think mirror.「鏡を思い浮かべろ」」、「彼らは自分たちの罪を相手に投影（projection）している」と繰り返したおかげで、ハッキリと見えてきたことの中から、特に重要な事項をご紹介しましょう。

トランプ大統領当選前後から、大手メディアを賑わしたロシア疑惑（トランプがロシアと共謀して選挙を盗んだ）は、ヒラリーがウクライナと共謀して選挙を盗もうとしたことのミラー・イメージでした。その後に出てきたウクライナ疑惑（トランプ大統領が、「バイデンの汚職捜査をしないと武器を送らない」とウクライナ大統領に交換条件を突きつけた）は、バイデンが「あの検事（ハンターが重役を務める天然ガス会社、ブリスマの汚職を捜査している検事）を解雇しないと、10億ドルの援助金を渡さないぞ」と、ウクライナのポロシェンコ大統領を脅迫したこととのプロジェクションでした。

カバールの手口、ディープステイトの犯罪歴をすべてお見通しのトランプ大統領は、ワシントンを離れた後、自らがおとりになって、大統領の特権を失った負け犬を装い、悪者たちをおびき寄せました。

ディープステイトは、まず議事堂侵略の罪をトランプ大統領になすりつけて、大統領の座を退いたトランプ（実際はずっと大統領です）を弾劾裁判にかけました。真実は、〝議事堂侵略を組織したのはディープステイト〟です。共和党が多数党になった下院で、議事堂侵略の真実が明かされるのは時間の問題です。また、カバールの台本のおかげで、公職から引退した後の人間を弾劾裁判にかける先例が確立されたので、ブッシュ、クリントン、オバマ、ヒラリーを弾劾裁判で罰することができるようになりました。

次にカバールの手下たちは、トランプ・オーガナイゼイションの会計監査、トランプ大統領、彼の家族たちの個人納税申告書の徹底監査を要求しました。トランプ大統領は何一つやましいことはしていませんでしたが、わざと隠し事がある悪徳ビジネスマンのような振りをして、国税庁の調査さし止めを要求する裁判を起こしました。裁判は最高裁まで持ちこまれ、敗訴した後、意気消沈した振りをして納税申告書を提出し、税理処理がすべて合法的に行われていたことが分かりました。

これは、カバールと手下の政治家たちが、自分たちが犯している脱税や所得隠しの罪をトランプ大統領に押しつけたプロジェクションでした。

下院がバイデンやペロシ、オバマ、ブッシュ、クリントン、彼らの財団や家族たちの会計監査を要求したとき、彼らはトランプ大統領の裁判で下された最高裁での先例判決に従わざるを得ないのです。

また、裁判の間、民主党政治家、民主党評論家、大手メディアが一貫して〝会計監査を拒み、申告書を隠し続ける〟トランプ大統領を批判していたことも忘れてはいけません。トランプ批判の舌の根の乾かぬうちに、オバマやヒラリーの会計監査拒否を擁護したら、極左以外の人々はメディアと民主党のダブル・スタンダードに怒りを覚えるはずです。なぜなら、左派のマジョリティも、庶民の納税に関してはやたら厳しいくせに金持ちには甘い国税庁を、心の底から憎んでいるからです。

2022年8月8日、FBIがマーララーゴを家宅捜索し、機密文書のみならず個人の税金関連の書類や医療記録なども押収しました。大手メディアは「トランプが国家安全保障に関わる機密書類をマーララーゴに隠していた」と伝え、左派コメンテイターたちは「これは反逆罪だから、トランプを逮捕すべきだ!」と、大騒ぎしました。NBCのコメンテイターを務める歴史学者、マイケル・ベシュロスは、「ローゼンバーグ夫妻はアメリカの核の機密をソ連に売って処刑された」とツイート。これに対し、マイケル・ヘイデン元CIA長官は、「そういったところだろう」と、トランプ大統領の処刑を推奨するようなツイートで応答しました(トランプ大統領が〝機密書類持ち出しの罪〟で有罪になる可能性はゼロです。そもそも、大統領には機密を解除する権限があるので、ホワイトハウスから持ち出した時点、つまりまだ大統領だった時点で機密を解除していた、と言えば済むことです)。

8月下旬、トランプ大統領は、司法省の調査対象となる書類を選考する査察官の任命を要求する訴訟を起こし、一審では勝訴したものの、12月12日に上訴裁判所で敗訴して、押収された書類すべてが調査対象になりました。この間、大手メディアは、「トランプは外国に売り渡せる機密書類を保存していたことを必死になって隠そうとしている」と報道しましたが、この裁判も、先例を作るための布石でした。

5カ月後、2023年1月9日、「ペンシルヴァニア大学にあるペン・バイデン・センターで2022年11月2日(中間選挙の5日前)に機密書類が発見された」と、報道されました。この後、ペンシルヴァニア大学がバイデンのおかげで中国から5400万ドルもの支援金をもらって、トランプ時代のチャイナ・イニシアティヴ(知的財産を盗む中国のスパイを取り締まる政策)を〝人種差別〟と批判し、潰していたことが発覚。数日後には、デラウェアのバイデンの自宅のガレージにも、中国やウクライナに関する機密書類が保管されていたことが分かり、1月12日にガーランド司法長官はトランプ大統領が任命した検事を特別検査官に任命して、この事件を捜査させることにしました。この時点では、大手メディアもバイデンの非を認めていたので、バイデンが辞任に追い込まれるのは時間の問題です。カバールは両親がアメリカ生まれではないハリスを追い出して、カリフォルニア州知事のニューサムかミシェル・オバマを大統領にするつもりでいるのでしょう。

きっかり2年前の2021年1月12日、トランプ大統領は、議会が補正第25条を使ってバイデンを外すことを予測していました（補正第25条：大統領が免職された場合、あるいは死亡、辞職、病気などで職務遂行不能になった場合、副大統領が大統領になる）。

さらに、2023年1月12日には、トランプ大統領はトゥルース・ソーシャルに「重要なのは、政府がいかに歪み腐敗しているかを、僕が独力で見せつけた、ということだ。今、我々はそれを修正することができる」と書き込みました。その直後に、先ほどご紹介したQのインテルの一部、「大衆に真実を告げても理解してもらえないときもある。真実を見せなければならない。そうして初めて、人々は変化をもたらす意志を見いだす。これしか方法がなかった。これは単なる4年ごとの選挙ではない。GOD WINS（神が勝つ）」を、リトゥルースしました。

マーラーラーゴの捜索は、トランプ大統領が仕掛けた罠でした。トランプ大統領は、民主党がでっちあげた罪で起訴されたいがために、わざとディープステイトの犯罪が記録された機密文書を持ち出したのでしょう。

2018年4月9日に、FBIがトランプ大統領の個人弁護士、マイケル・コーエンの家を捜索したときも、トランプ大統領は怒って見せましたが、18日後に、Qが家宅捜索の重要性をこう説明しています。

論理的に考えろ。

どうすれば捜査に証拠を（合法的に）提供できるか？

誰がすべてを持っているのか？

情報収集・入手の方法は？

法廷で認められるか？


ＦＢＩが押収した証拠物件は、裁判の証拠開示手続きの段階で、法廷で合法的に堂々と提示できる、という意味です。

２０２２年12月12日に上訴裁判所での先例ができたので、ブッシュ、クリントン、オバマが持ち出した書類に機密文書が含まれているかどうかの捜査がしやすくなりました。

一日も早く、なんらかの裁判が始まって、ディープステイトの犯罪を記録した機密文書が一気に公開されますように！

「人々は自分たちの本当の力をまだ知らない…」

（https://medium.com/@enya.dj/why-you-should-register-to-vote-81fcc772fcba）

Q 真実が明かされる日は必ず来る

シープル目覚まし作戦を指揮したフリン中将は、「補正第10条をフル活用して、選挙の不正暴露のため、連邦政府による人権侵害を阻止するための訴訟を起こせ！」と、アメリカ国民に呼びかけました。補正第10条には、こう記されています。

「この憲法によって合衆国に委任されていない権限、及び、各州が有することを禁じられていない権限は、各州、あるいは国民に留保されている」

選挙のやり方を決める権限を有するのは各州の州議会であり、連邦政府ではありません。連邦政府は、試験的なワクチンであるコロナウイルスのワクチンの接種を強要する権限も持っていません。バイデン政権の教育省がいくらCRTを薦めようが、CRT教育を生徒に強要する権限はありません（白人は生まれながらに人種差別主義者だ、と教えるCRT、クリティカル・レイス・セオリーの詳細は『フェイク・ニューズメディアの真っ赤な嘘』参照）。

フリン中将の呼びかけに応じて、アメリカ全土で2020年／2022年の選挙の不正を暴くための訴訟や、子どもをCRT洗脳教育やワクチン強制接種から守るための訴訟が起こされています。

2022年のアリゾナ州知事選の不正に関する裁判は、まだ続いています。最高裁で不正の証拠が提示され、民主党が選挙を盗んだと証明されれば、これが先例となって2020年の不正も最高裁で明らかになり、トランプ大統領に政権が委譲されるはずです。

もし、最高裁判事も腐っていて真実を無視する判決がでたら、遂に軍隊の出番、となります。ホワイトハットの中には、軍に政権を委譲したいファクション（派閥）も存在すると思われますが、彼らも、万策尽きるまで辛抱強く待っています。

いずれにせよ、真実が明かされる日が必ず訪れます。

トランプ大統領は、初めから軍隊を使ってカバール、ディープステイトを倒し、自由の国、アメリカを奪還して、国民に与えることもできたでしょう。しかし、自分は何の努力もせずに他人からもらった自由には有難味がないので、次の世代の人々は自由の価値を忘れて、カバールの子孫の台頭を許してしまうでしょう（現代の風潮では、英国王室やロスチャイルドの血を引く幼児まで殺すことはできないので、カバールの血筋を根絶することはできません）。

だからこそ、人間の性《さが》を理解しているトランプ大統領は、耐え得る限り最悪の苦痛、苦悩を民衆に体験させて、残忍なカバールの恐ろしさを人々のＤＮＡに浸透させたのです。そして、民衆が自ら裁判を起こして、自力で自由を奪還するようにし向けました。苦労して、自らの力で勝ち得た自由は、人からもらった自由より重みがあります。道で拾った100ドル札より、しっかり働いてやっと稼いだ100ドルのほうが重みがあるのと同じです。

2020年、トランプ大統領は、カバールの手下たちがこれ見よがしの不正を堂々と行うことを許し、不正の証拠を収集・保管しました。そして、最高裁で不正の証拠を提示できる日を待っています。

議事堂侵入も、民主党とメディアに、ありとあらゆる偽情報を吹聴させ、墓穴を掘らせました。共和党主導の下院で真実が暴かれます。

バイデンのむだ遣いでインフレが悪化の一途をたどり、過剰環境保護政策でガソリン代、光熱費が高騰。トランプ大統領が意図的に壁を完成させなかったせいで、不法移民が大量流入し、学校ではCRTとトランスジェンダー洗脳教育が横行。ワシントン州はワクチン拒否者を収容施設に閉じ込める政策を発表し、連邦準備制度は現金を禁じてCBDCに移行する計画を推進。空港には顔認識装置が設置され、デジタルID（ワクチン接種を含む医療データや銀行の残高、交通違反の記録などあらゆるデータが詰まった身分証明書）導入計画も着々と進行。自由を愛する人々は、文字通り断崖絶壁の縁まで追い込まれています。

Only then, at the precipice, will people find the will to change [to participate].

崖っぷちに立たされて、初めて人々は変わろうとする（参加しようとする）意志を見いだすことができる。

Qの名言通り、崖っぷちに立たされたシープルたちが、ごく普通の良識を持っている自分たちこそが絶対的な多数派だ！、と目覚めて、すでに目覚めた人々と共に人権侵害阻止の訴訟を起こせば、軍隊の力を借りずにカバールを潰すことができるのです。


すでに2018年には、ロスチャイルド一族が1875年から所有していた約5400ヘクタールのオーストリアの豪邸と敷地を9000万ユーロで売却し、2021年1月には、ウェスト・ハリウッドにあるカバールの売春宿、スタンダード・ホテルが閉鎖され、同年2月8日には、デイヴィッド・ロックフェラーがメイン州にある約6ヘクタールの豪邸と敷地を1900万ドルで売却しています。

2017年には、アメリカのカネの元締め、デイヴィッド・ロックフェラーが101歳で死に、2021年4月9日には、エリザベスの夫のフィリップが99歳、2022年9月8日には、エリザベスが96歳で死に、2022年11月7日には、カバールのカネの元締め、エヴリン・ドゥ・ロスチャイルドが91歳で死にました。

次の世代が台頭する前に、今、カバールを徹底的に滅ぼさねばなりません！

ポッドキャスターの多くは、「カバールを拒絶する本能がDNAに刻み込まれるようにするために、誰もが臨死体験を味わうようなスケアー・イヴェントが起きるはずだ」と言っているので、まだまだ油断はできません。

しかし、トランプ大統領がカムバックすることは確実なので、スケアー・イヴェントが起きても、冷静に対処して、トランプ大統領の復帰を待ちましょう！

Justice will be served. Q

正義が下される。 Q

第11章　アメリカ人の心を掴んだトランプ大統領の名演説

トランプ大統領がカバールを倒すために戦っていたことが分かると、２０１６年、２０２０年の大統領選の演説、２０１７年の大統領就任演説の真意が見えてきます。

この章では、数あるトランプ大統領の名演説の中から、一際《ひときわ》感動的な２つの演説のダイジェストをお届けします。

Q 2016年10月13日、トランプ演説

まず、２０１６年10月13日にフロリダ州ウェスト・パーム・ビーチで行われた演説から、特

に印象深い部分をご紹介しましょう。

私たちのムーヴメントは、失敗し腐敗した既成政治体制を、あなた方、アメリカ国民がコントロールする新政府に置き換えることです。ワシントンの既成勢力と、それに資金を提供する金融・メディア企業は、ただ1つの理由のために存在しています。それは、自分たちを守り、私腹を肥やすことです。この既得政権が何兆ドルもの金を得るか、失うかが、この選挙にかかっています。

ワシントンで権力を操る人間や、彼らと組んでいるグローバルな特別利益団体は、みなさんの利益など眼中にありません。私たちのキャンペーンは、彼らの存在を脅かすものです。これは単なる4年に1度の選挙ではありません。我々は、文明の歴史における岐路に立ち、国民が政府の支配権を取り戻せるかどうかを決定しようとしているのです。

私たちを止めようとしている既成勢力は、悲惨な貿易取引、大量の不法移民、国を枯渇させた経済・外交政策をもたらした人間たちです。彼らは、メキシコや中国、その他の国々に工場を移転させ、雇用と生産業を破壊しました。労働者階級から富を奪い、我が国の資源を海外に流し、その金を一握りの大企業と政治家に与えているのは、グローバルな権力構造です。

これは、アメリカの存亡をかけた闘いです。そして、この国を救う最後のチャンスなのです。この選挙は、アメリカが自由な国家になるか、それとも民主主義という幻想の中で、実際はシステムを不正操作する一握りのグローバルな特別利益団体に支配される国でいるかを決定する選挙です。システムは不正操作されています。これが現実です。みなさんも、彼らも、私も、そしてほとんど全世界が、これが現実だと知っています。

クリントンの組織は、この権力構造の中心にあります。ウィキリークスで明らかになったように、ヒラリー・クリントンは国際銀行と秘密裏に会い、これらのグローバル金融勢力と彼女に献金する人間を豊かにするために、アメリカの主権の破壊を画策しています。

正直言って、彼女は投獄されるべきです。

クリントン夫妻が持つ最も強力な武器は、大手メディア、報道機関です。1つはっきりさせておきましょう。アメリカのメディアは、もはやジャーナリズムとは無縁の存在です。彼らは、ロビイストやその他の金融団体と何ら変わらない、政治的な特別利益団体で、彼らの目的は、自分たちの利潤追求です。彼らの支配に異議を唱える者は、性差別主義者、人種差別主義者、外国人差別主義者と見なされます。彼らはあなたたちを攻撃し、中傷し、あなたたちのキャリアと評判を破壊しようとします。そして、嘘をつき通します。

クリントン一家は犯罪者です。それを覚えておいてください。すべてしっかり記録されています。彼らを保護する既成勢力は、クリントン一族を権力の座に置き続けるために、国務省とクリントン財団における広範囲の犯罪行為の大規模な隠蔽工作に従事してきました。

彼らは、私や私の家族、私が愛する人々に関してあらゆる嘘をつき、手段を選ばずに私たちを止めようとする覚悟でいます。それでも、私はあなたたちのために、矢のような誹謗中傷を受け止めます。私たちのムーヴメントのため、私たちの国を取り戻すためです。

この日が来ることは分かっていました。この日が来るのは時間の問題でした。

アメリカ国民が苦境を乗り越えて、自分たちにふさわしい未来に投票することも、私は分かっていました。腐敗したマシーンを止められるのはあなたたちだけです。この国を救える力を持っているのは私たちだけです。この腐敗した既成勢力を票決によって追放できる勇敢な人はあなた方、アメリカ国民です。

我々の偉大な文明は、審判の時を迎えています。

私は出馬する必要などありませんでした。私は素晴らしい会社を築き、素晴らしい人生を送っていました。何年も成功が続いているビジネスの利益を家族と一緒に享受することもできましたが、その代わりに嘘、欺瞞、悪意ある攻撃を浴びるホラーショーを経験する羽目になってしまいました。想像を絶するほどです。しかし、この国は私に多くを与えてくれたので、今度は私が愛するこの国にお返しをする番だと強く感じているので、立候補したのです。国民のため、このムーヴメントのためです。私たちはこの国を取り戻し、みなさんと私でアメリカを再び偉大な国にするのです！

Q 2017年1月20日、トランプ大統領就任演説

次に、2017年1月20日の、トランプ大統領の就任演説の一部を読んでみましょう。

4年ごとに、秩序ある平和的な政権移譲を行うために、私たちはこの階段に集まります。この移行期間中、オバマ大統領とミシェル・オバマ大統領夫人が丁寧に支援してくれたことに感謝しています。彼らは素晴らしい存在です。

（10人の陸海空軍兵士、海兵隊員が静かに登場し、トランプ大統領の背後に立つ）

しかし、今日の式典は非常に特別な意味を持っています。なぜなら、今日、私たちは単に政権から政権へ、あるいは政党から政党へと権力を移譲するのではありません。私たちはワシントンDCから権力を移譲し、あなた方、アメリカ国民にそれを返すのです。

あまりにも長い間、アメリカの首都の小さなグループが政府から報酬を得、国民がその

代償を負担してきました。ワシントンは繁栄しましたが、国民はその富を分けてもらえませんでした。（軍人、静かに退場）

政治家は栄えましたが、人々は失業し、工場は閉鎖されました。権力者たちは我が身のみを守り、庶民のことは守りませんでした。

今、ここで、状況が一変します。この瞬間はあなたのものだからです。今日ここに集まった人たち、そしてアメリカ全土で見ている人たちのものなのです。今日はあなたの日です。これは、あなた方の祝典なのです。そして、このアメリカ合衆国は、あなた方の国なのです。

真に重要なことは、どの政党が政府を支配しているかではなく、政府が国民によって支配されているかどうかです。２０１７年1月20日は、国民が再びこの国の支配者となった日として記憶されるでしょう。この国で忘れられた人たちは、もう忘れられることはありません。今、皆が、あなたたちの声を聴いています。

今日、私が行う宣誓は、すべてのアメリカ人に対する忠誠の宣誓です。

何十年もの間、私たちはアメリカの産業を犠牲にして外国の産業を豊かにしてきました。他国の軍隊に補助金を出すかたわら、自国の軍隊の悲惨な虚弱化を許してきました。他国の国境を守る一方で、自国の国境を守ることを拒んできました。そして、アメリカのインフラが破壊され衰退している間に、何兆ドルも海外に費やしてきました。

しかし、それは過去のことです。今、私たちは未来に目を向けています。この日から、新しいビジョンが我々の国を支配するのです。この瞬間から、私たちはアメリカ・ファースト（アメリカ優先）政策を採ります。

私たちは、2つのシンプルなルールに従います。アメリカ製品を買い、アメリカ人を雇う、というルールです。自国の利益を最優先させることがすべての国の権利である、という理解のもとに、私たちは、世界の国々との友好と親善を求めます。アメリカの生活様式を押し付けたりせず、むしろ、誰もが従うべき手本として輝かせることを目指します。


『カバールの正体』にも書いたことですが、この就任演説は、カバールに対する間接的な宣戦布告でした。

英語で、stand behind ~（~の背後に立つ）は「~の支援をする、~の後押しをする、~の後ろ盾となる」という意味です。つまり、トランプ大統領が、「私たちは権力をワシントンDCから国民に戻す」と言っている間、軍人を背後に立たせたのは、The military is standing behind President Trump.「米軍がトランプ大統領を支援している」、というヴィジュアルな合図でした。こうして、ホワイトハットは、「権力をワシントンDCから国民に戻す〝私たち〟

とは、トランプ大統領と彼を全面的にバックアップしている米軍のことだ」というメタメッセージを送ったのです。

トランプ大統領が集会で登場するときに流される曲〝ゴッド・ブレス・ザ・USA〟の歌詞も、カバールと戦うアメリカ人に勇気を与えました。一部をご紹介しましょう。

もし明日、一生働いて得たものをすべて失い
子供と妻だけで、もう一度やり直さなければならなくなっても
僕は今日この国に生きている、という幸運に感謝するだろう
星条旗はまだ自由の象徴であり、誰も自由を奪うことはできないからだ

アメリカ人であることを誇りに思う
この国では少なくとも自由でいられるからだ
この権利を僕に与えるために命を失った男たちのことを忘れはしない
そして、僕は喜んで、君の隣に立ち、今日も祖国を守ろう
僕は疑問の余地無くこの国を愛しているのだから

アメリカ合衆国に神の祝福を

これはRight「右派」とLeft「左派」の闘いではなく、Right「正しい」とWrong「間違い」、善と悪の闘いです。

トランプ大統領と愛国者の軍人、目覚めたアメリカ人が、まずアメリカをカバールから奪還し、その後、世界中の人々が立ち上がって、カバールを駆逐する日が一日も早く訪れますように!!

あとがき

トランプ大統領とホワイトハットは、カバールの悪事の証拠を掴《つか》んでいます。しかし、国民の8割以上が目覚めるまでは、どんな証拠を提示しても大手メディアの偽報道にかき消されてしまうので、今のところ、小ネタを小出しにして、世間の反応を見ています。

遭難して飢えきった人を救出した後に、食べ物を一気に無理矢理食べさせたら、胃が受けつけずに吐き出してしまうでしょう。それと同じで、「バイデンが公正な選挙で当選した」、「悪魔崇拝のカバールなど存在しない」、「コロナ対策としてワクチンが必要だ」と信じ切っている人々に、「オバマが子どもをレイプし、ヒラリーが子どもを殺している」、「自家用車もキャッシュも非合法化され、中央銀行暗号通貨（ＣＢＤＣ）が導入され、カバールに逆らう者は食料も買えず、家賃も払えず、公共交通機関も使えなくなる」などの真実を与えても、消化不良で真実に拒絶反応を示し、逆効果になるだけです。

そのため、トランプ大統領は、国民に苦痛を実体験させるしかなかったのです。Ｑの、「これしか方法がなかった。光を見る前に暗闇を歩かなくてはならないこともある」というインテル・ドロップ通りの進行です。

私がこのあとがきを書いている時点のアメリカでは、化学物質を積んだ貨物列車の脱線事故、化学物質加工工場の爆破炎上事件が続出しています。バイデン政権は、待ってました!、とばかりに、〝環境と市民の健康を保護するため〟という名目で、トランプ政権時代に縮小された環境保護庁の権限を大幅に拡大して、すべての水(雨水、井戸水、雪解け水、自然にたまった池の水、川の水)を政府の管理下に置き、個人所有の井戸や雨水貯蔵を非合法化しようと企んでいます。水の後は、〝汚染〟を理由に、土地も没収するつもりでしょう(これらの〝惨事〟は、もちろんカバールが引き起こしたものです)。

食品加工場や養鶏場の火事も続出し、ガソリン代、食品、日用品の価格もトランプ大統領時代の1・5倍以上になっています。ウクライナからの肥料の輸入も滞っているので、穀物不足による食糧危機が訪れるのも時間の問題です。

海外では、NATOに逆らうトルコで地震が起きて(=カバールが地震を起こして)、ソロスのNGOや臓器・人身売買組織である赤十字と国境無き医師団が〝救済〟に駆けつけて、トルコを内側から崩壊させる足固めを始めています。エルドアン政権が倒れたら、ロシアがボスポラスを征し、ギリシアがキプロスを奪還し、クルド人やアルメニア人の立場が強化され、カバールの拠点であるアゼルバイジャンが弱体化します。こうした事態を防ぐために、カバールは偽旗《にせはた》工作をして、ロシアと戦争を始め、世界がキューバ危機のような臨死状態を体験することになるでしょう。

しかし、食糧危機も臨死体験も、サイバー攻撃、停電、金融クラッシュも、カバールに洗脳された人々を目覚めさせるために必要なショック療法なのです。

アメリカでは、ブランソン兄弟が起こした複数の訴訟（〝合衆国憲法を守る〟という誓いを破って、２０２０年の選挙で不正があったかどうかを調べることを拒否した議員３３５人とバイデン、カマラ・ハリス、マイク・ペンスの罷免《ひめん》を要求する訴訟）に対する判決がまだ出ていないので、この裁判の行方も楽しみです！

最後に、スカイプで奥深い知識を教授してくださった副島隆彦先生と、丁寧に編集してくださった小笠原豊樹氏に、厚く御礼申し上げます。

２０２３年2月20日、テキサスの田舎町にて

西森マリー

本文の記述の典拠となる資料、ビデオのＵＲＬは、秀和システムのホームページ https://www.shuwasystem.co.jp/ にある本書のサイトのサポート欄に掲載してあります。

特別対談

西森マリー×副島隆彦

トランプ復帰の可能性

■人口に膾炙《かいしゃ》する「カバール」という言葉

副島　今度の本の『カバール解体大作戦』というタイトルは、たいへん素晴らしいと思います。西森さんはこの方針で、ガンガン書いて日本国民を啓蒙してください。

　私が対談の初めで申し上げたいのは、いま日本の女性読者たちが、西森さんの本を読んで「カバール」という言葉を平気で使い始めている事実です。

西森　それは嬉しいですね。

副島　「カバール」や「ディープステイト」が今の世界を支配しているんだって、という言い方を、頭のいい女性たちが西森さんの本を読んで、刺激を受けて、使い始めています。西森さんの本に大いに励まされています。ですから、このまま頑張ってください。

西森　ありがとうございます。先生とは2年ぶりのSkype《スカイプ》対談で、今日お目にかかるのを非常に楽しみにしていました。この間、先生の日本でのご著書も何冊か読ませていただき、直接お尋ねしたい質問もたくさんあります。

副島　どうぞ何でも聞いてください。

西森　先生がご著書で最近言及される『ヒトラーは英国のスパイだった！』（ヒカルランド、2

019年刊。原書 *Hitler Was a British Agent*, 2005）を書いたグレッグ・ハレット（Greg Hallett）が、他に *How to Take Over the World : A Right Royal Con*, 2007 という本を書いていて、日本語にすれば「王族の詐欺」（royal con《ロイヤル コン》）です。この本の出版のためのインタビューで、ハレットが信じられないことを言っているのです。ヴィクトリア女王には半分ロスチャイルドの血が流れている、チャーチルはじつはエドワード7世の子で、そのチャーチルの精子の提供と人工授精でエリザベス女王（2世）が生まれたと言っている。それが本当かどうかは別として、イングランドの王室というのは、そんなに美しいものではないですよね。本当に悪魔的《セイタニック》な感じで。

そこからガーター勲章をもらった日本の天皇というのは、世界の中でどういう位置づけにあるのでしょうか。ガーター勲章なんかもらっちゃって。

副島　まずグレッグ・ハレットの『ヒトラーは英国のスパイだった!』についてですが、この本の中心部分、大事な部分は真実だと思います。ヒトラー（1889－1945）は、1912年、1913年（23、24歳）に、ロンドンの北にあるタヴィストック戦争心理研究所《サイオプ・ウォー・インスティテュート》の付属の軍事学校に間違いなく入っています。このことは歴史学者やヒトラー研究をやっている人たちが認めざるを得なくなっている。グレッグ・ハレットが書いていることは正しい。ここでヒトラーは洗脳（ブレイン・ウォッシング）されて、そしてドイツ民族《フォルク》（国民）の狂った指導者に育てられた。指導者が狂っていると、国民まで狂ってしまう。このことは、ものすごく重要なことです。

私が今考えているのは、恐らくウクライナの指導者のゼレンスキー（1978年生）も、このタヴィストックに連れていかれたはずなんです。2019年にポロシェンコがお払い箱にされて大統領選挙に出される前に。ゼレンスキーで行くとカバールが決めたわけです。その時タヴィストック研究所《クリニック》でサイ・オプの大きな洗脳にゼレンスキーはかかったんだと思います。2年ここに入れられていたと思います。ほぼ確実に。

次に、イギリス王家にロスチャイルド家の血が流れているということですが、どの人物のどの血が流れているか、をはっきりさせなければいけない。私は、ロスチャイルド家の全体像を描いた本（『ロスチャイルド　200年の栄光と挫折』日本文芸社、2012年刊。改訂して『世界覇権の大きな真実　ロスチャイルド家230年の歴史から読み解く近現代史』PHP研究所、2021年刊）を書いています。そこに、いまの若い（30歳代）の当主たちのことも全部書きました。いまの私の考えは、もうロックフェラー財閥とロスチャイルド財閥を強調したくないんです。これらの商業、金融財閥のことはもういい。1800年代後半のヴィクトリア女王（1901年死去）の時代（1837〜1901）には、ロスチャイルドが世界一のお金を持っていましたから、裏から操ったというのは本当だと思います。本当は誰が誰の子どもだということを言い出すとね、きりがないんですよ。

エドワード7世なんて、すらっとしてかっこいいのに、チャーチルなんてブタみたいな顔しているでしょう。本当に傍で見るとブタみたいだった。２０１７年の映画『ウィンストン・チャーチル／ヒトラーから世界を救った男』で、メイクを担当した辻一弘《つじかずひろ》（現在は米国に帰化して「カズ・ヒロ」）という日本人のメイクアップアーティストが高く評価されました。チャーチルを演じたゲイリー・オールドマンの演技も上手だったと評価されたけど、その特殊メイクは日本人の辻一弘が施したもので、ブタみたいなチャーチルをそっくりに再現して評判になりました。

そのブタみたいなチャーチルと、エドワード7世では顔が違う。誰が誰の子どもかとか、もう言わないほうがいいですよ。

あの「ヒトラー本」のグレッグ・ハレットたちはＭＩ６ですからね。少し頭がおかしいです。なんでもかんでも、彼らが書くことを信じる必要はない。

ヒラリー・ロッダム・クリントンがロックフェラーの子どもとかありえません。

ただし、カナダの首相のジャスティン・トルドーが、キューバのフィデル・カストロの子だというのは本当です。顔がそっくりです。だから、真実でしょう。カナダ人もみんなそう信じているそうです。首相だった父のピエール・トルドーの奥さん（母親）のマーガレットがフィデルと浮気してジャスティンが生まれた。だから、このことは日本人にも広まっている。あそこまで写真が似ているとね。

■明治以降の天皇家を作ったのはイギリス

副島　英国家情報部のＭＩ６《エムアイシックス》の連中が書いた本は、あんまり信じ過ぎないほうがいい。むちゃくちゃなことも書きますからね。ＭＩ６内部も乱れていて、割れているんでしょう。彼らは、自分たちが世界を大きく動かしていると信じ込んでいますから。夢の世界をさ迷っているんですよ。

彼らの信仰はだいたいカソリック教徒ですね。そうすると、アメリカのカバールの連中も、イエール大学もハーヴァード大学もローマ・カソリック教会が多い。バイデンもそうです。あれ、カソリックですからね。そうすると、彼らの大きなネットワークで動いているわけです。で、頭がおかしいですからね。おかしい人たちの言うことを、いちいち真に受けていられない。確からしさにも範囲というのがありますから。

ただ、ヒトラーが若い時、英タヴィストックで洗脳されたというのは事実です。

西森　天皇家に関しては、どうですか。

副島　天皇家に関しては、私は昨年（２０２２年）10月に『愛子天皇待望論』（弓立社《ゆだちしゃ》刊）という本を書きました。日本国内ではまだ評価が出てこない。この本の１９３ページに明治の元勲《げんくん》のひとり、山縣有朋《やまがたありとも》と、昭和天皇以下の４人の男子の写真を並べて提示しました。見てもらえば分かりますが、顔がものすごく似ています。

この山縣有朋が、明治政府の初代内閣総理大臣になった伊藤博文を殺した張本人です。満州のハルビン（哈爾濱）の駅のプラットフォームで。斜め上から、山縣の銃殺隊が伊藤博文を撃ち殺した。その時、伊藤博文は、ロシア帝国とドイツ帝国とも仲良くしようとしていた。これにイギリス（大英帝国）がカチンと来た。１９０９年10月26日のことです。ロシアの全権大使と握手する寸前でした。朝鮮半島は日本のもの、ということははっきりしていた。日露戦争（１９０４、５年）で勝ったから。満州に関しては、ロシアがまだ北半分を占領していました。ここでロシア帝国と大日本帝国は平和《ピース・トリーティ》（講和）条約を結んで、以後仲良くすると、伊藤博文はそういう考えでした。

伊藤博文こそは、その時まではイギリスが育てた日本最大の手先なのですよ。初代総理大臣ですから。ただ、伊藤博文は子分と徒党を作らなかった。議会で決定するのだと言った。旧大名たちと京都の貴族と台頭した優れた人物たち３００人が、議会を作って、議会で決めると、まともなことを言っていた。そして、朝鮮半島を併合するな。朝鮮王国を残して穏《おだ》やかに支配する、と。日本に合併する形は取るな、と。朝鮮王族を残せと伊藤博文は言っていた。だから、山縣有朋がイギリスの命令を受けて、伊藤博文を殺したんです。とにかく、悪いのはイギリスです。アメリカよりもタチが悪い。それとヴァチカン（ローマ・カソリック教会）が最悪です。今もそう。

それで、昭和天皇以下の4兄弟の顔をじっと見てください。山縣とそっくりでしょう。秩父宮、高松宮、三笠宮も山縣とそっくりでしょう。

これは今の日本では言ってはいけないことになっているんです。大正天皇は幼児のときから脳膜炎（髄膜炎《ずいまくえん》）という病気だった。病弱だった。4人の立派な男子を生むことができるのか、という、そういう公然たる大きな事実があります。

明治時代からの天皇家を作ったのは、イギリスです。アメリカではありません。アメリカ人はデモクラシー（民主政体《せいたい》）で、リパブリック（共和政《せい》）ですから、王国《キングダム》と君主政《モナーキー》が大嫌いです。明治時代の始めからイギリスが日本を操った。アメリカによる支配は第2次大戦後（1945年）からあとです。

明治天皇睦仁《むつひと》が長州の田布施《たぶせ》にいた大室寅之祐《おおむろとらのすけ》という少年にすり替えられたというのは、今では日本の保守派の人たちも、私たち日本左翼もみんな知っている。分かっている。40年前に鹿島昇《かしまのぼる》という人が本に書いて明らかにしました。

そして、昭和天皇が山縣有朋の子だ、は、私がはっきりと私の『愛子天皇待望論』で書いた。これはイギリスが仕組んだことだ。スウェーデンとか、オランダとか、ベルギーとか、市民革命を一番最初にやった国々でしょう。それなのに、なんで、これらの国に今、王様がいなければいけないんだ。不思議でしょ。これもイギリスが作ったんですよ。自分の藩屏《はんぺい》にした。

ヴァチカンとイギリスが一番タチが悪い。今回のウクライナ戦争でも。ＭＩ６《エムアイシックス》がゼレンスキーのすぐ横にいます、70人。ゼレンスキーに今日はこれをやれ、明日はあれをやれ、と命令しているんです。

アメリカは歴史的にイギリス人に対して頭が上がりません。今も古都であるボストンの人たちがそうでしょう。ボストンの人たちは、宗教で言うと、プロテスタントの中でアングリカン・チャーチ（英国教会《こっきょうかい》、聖公会《せいこうかい》）に近い人たちですからね。エピスコパリアンと言います。

アメリカ海軍の連中も、一番の上のほうは今もイギリス国王に忠誠を誓っているらしいです。まあ、陸軍の連中もそうです。空軍と宇宙軍はトランプ派です。

タヴィストック研究所は、ロンドンの北の50キロぐらいのところですから、日本で言えば、埼玉県みたいなところにあって、ドイツのロケット「Ｖ１《ヴィワン》」「Ｖ２《ヴィトゥー》」で爆撃されなかったところです。戦後、アメリカはＯＳＳ《オウエスエス》（office of strategic service 戦略情報室）というのがあったのをＣＩＡに替えたのですが、そのときに、このタヴィストック研究所を含めて、イギリス情報部がアメリカに指導しに行っている。キム・フィルビーという男が最も重要です。この男は1963年にモスクワに逃げて、モスクワで死にました。国際スパイの最大の大物です。二重スパイだった。MI6の長官になる予定だった男です。このことは、現在ではほぼすべて明らかになっています。

日本を今も操り続けている裏側はイギリスです。それと、ローマン・カソリック（ヴァチカン）です。米CIAとヴァチカンが、世界反共《はんきょう》運動として統一教会、Moonies《ムーニーズ》をも作ったのです。

西森　それに関してお聞きしたいんですけど、私が不思議に思っているのは、本当に文鮮明が神のお告げを受けたのか、それとも、CIAの voice of God technology《ヴォイス・オブ・ゴッド・テクノロジー》 というのがあって、マインドコントロールのようなものですけど。それを受けたのか。

副島　その西森さんが言うCIAのヴォイス・オブ・ゴッド・テクノロジーは、「MK《エムケイ》ウルトラ」の流れですね。ペーパー・クリップもそうです。ヒトラーやゼレンスキーのようにMKウルトラで人間の脳を洗脳したのは事実だと思います。ただ、西森さん、やっぱりね、イデア・ロゴス、すなわち、イデオロギー idea-logie のことを考えてください。イデオロギーが大事なんですよ。イデアのロゴス。ロゴスは言葉です。学問《ロギア》、そして理論《ロジックス》です。イデアはプラトンが作った言葉で、観念《イデア》、思想。人類（人間）はこのイデオロギーで動いているのであって、なんでもかんでもテクノロジーや、宗教《レリジョン》の問題に話を移さないほうがいいんです。

統一《ムーニー》教会は反共主義だけです。アンタイ・コミュニズム。反共主義で、ロシアや中国の共産主義を叩き潰すという思想で、ローマン・カソリックもアングリカン・チャーチ（英国）も今も動いています。ただ、西森さんもそうですが、この共産主義さえもディープステイトが作った、という理論を唱える人たちがいる。だから、この共産主義によって労働者階級が奴隷にされたんだと。労働者たちが解放された国が共産主義国家のはずなのに、じつはさらに上から操られている、という理論が出てくる。一部は真実ですが、すべてではない。

だから、私が西森さんに申し上げたいのは、いまの私たちが支持しているトランプ派のQアノンの人たち。それから西森さんが、国防長官のクリストファー・ミラーはじめ、マイケル・フリン中将、エズラ・コーエン・ワトニック、カッシュ・パテル、この人たちをはじめとして、トランプ派の「連邦政府回復戦略」実行委員会のメンバーたちがたくさんいると、西森さんはこの本の68ページで書いている。私もこの考え方を支持していますし、賛成しています。

しかし。西森さん、そんなに強くないって。闘いですから、これは。カバール、ディープステイト側を甘く見ないほうがいいですよ。西森さんの周りにおられるテキサス州の軍人上がりの人たち（veterans《ヴェテランズ》）の考えを過信してはいけません。彼らは真のアメリカ人であり愛国者です。戦場で人殺しも実際にやってきて、ディープステイト＝カバールとの戦闘ができる。だけれども、だからといって、ディープステイトがそんなに弱いわけないんですよ。これも分かってください。

だから、私の考えははっきりしていまして、もうすぐアメリカは国家分裂します。トランプはテキサスに移ります。テキサスを中心として「アメリカ・サウス」America South という国が出来るでしょう。

西森さん、あなたが住んでいるあたりの地下にオガララ水源（帯水層）という大きな水瓶《みずがめ》があるんですよ。周りの人たちに聞いてみてください。

西森　オガララ帯水層《アクワファー》はテキサス州の北のほう、ニューメキシコとの州境沿いのパンハンドル（Panhandle）と呼ばれる一帯にあって、ブッシュがパラグアイで世界最大の淡水源の近くの土地を買い占めた時に、引き合いに出されて話題になりました。テキサスでセセッション（連邦脱退、国家分裂）の話題が出ると必ずテキサスが合衆国《ユナイテッド・ステイツ》から脱退すれば東西海岸と五大湖に面した州以外がテキサスについてきて、オガララ帯水層がネブラスカ、カンザス、コロラド、テキサスなどをカヴァーしてる大水源なので、アメリカの中西部《ミッドウエスト》は水、穀倉地帯、牧場があるから自給自足できるという話になります。

でも、テキサスは広くて、ヒューストンとか、ダラスとか、オースティンとか、完璧にリベラル派に支配されているんです。ヒューストン、ダラス、オースティン、この3つはロサンゼルスやニューヨークと同じ感じです。

そこで、先生とベンジャミン・フルフォードさんとの前の対談本（『今、アメリカで起きている本当のこと』秀和システム、2021年）で、フルフォードさんは、北アメリカは1つになると言っていて、この1月10日に、バイデンも、それと同じ内容の Declaration of North America（DNA）という宣言書を発表しました。北アメリカ統一宣言です。カナダとメキシコとアメリカが合体して1つの連合国になると言っているんですけど、そもそも「DNA」という略語自体がシンボルにこだわるカバールならではで、人を小馬鹿にしてますよね。北アメリカ連合国など、極左以外のアメリカ人が受け入れるはずがありません。特にテキサス人は絶対に受け入れないので、そんなことになったらテキサスは独立するでしょう。

副島　ですから、テキサスが分離、独立の動きを始めるのです。ベンジャミン・フルフォードはカナダ人です。アメリカ人ではないんですよ。カナダ人はね、女王陛下、イギリス国王が大好きなの。ついでにヴァチカンまで好きなんです。ということは、分かるでしょ。アメリカ人の気持ちが分からないんです。カナダ人というのは日本人と朝鮮人の関係と一緒です。それぐらいアメリカ人からは見下されています。そのことを私は以前、フルフォードさんにはっきり言いました。彼は一言《ひとこと》、「分かっている」と言いました。

ただし、彼は英語で世界に情報発信していますし、自分も40歳まで『フォーブス』の支局長をしていましたから。西森さん、あなたと同じように、アメリカとヨーロッパで流れている公開情報は彼はだいたい知っています。私は、やや遅れながらも、自分の察知《さっち》能力で知ります。

■ディープステイトの思想は自然法《ナチュラル・ラー》

しかしバイアス（偏見）が皆それぞれかかります。だから、西森さんも、私も、フルフォードさんも、みんなそれぞれ考えは少しずつ違うんだけれど。純然たる日本人である私の目から見た世界というのがあって、西森さんに分かってもらいたい。私が30年前から何を言っていたかというと、「日本はアメリカの家来の国で、属国だ」と。奴隷国家とまでは言わない。植民地《コロニー》ではない。一応、形上、独立している。しかしアメリカから毎年のように金《かね》を毟《むし》り取られる朝貢国《ちょうこうこく》（tributary《トリビュータリー》 state《ステイト》）です。

そして日本は王国（キングダム）です。天皇という国王がいる。天皇は、エンペラー（皇帝）ではない。普通の国王です。

ところが、日本人自身は自分たちのことをデモクラシーの国だと思っている。日本人というのはバカなんですよ。日本は、王国《キングダム》という外枠の中に民主政《デモクラシー》が形だけ存在する歪《いびつ》な2重構造国家です。このことを理解し自覚している知識人層が存在しない。

アメリカ人は、日本のことをデモクラシーだとは思っていませんよ。フェイクなデモクラシーでね。デモクラタイゼイション（上から強制的に民主化された国）なの。無理やり頭をやられて、戦後77年はアメリカの家来になって、デモクラタイゼイション democratization された国です。

だから、デモクラシーとは何か、日本人は誰も分かっていません。リパブリックの定義《デフィニション》さえできません。リパブリックというのは、「王様がいない体制」のことですよね。日本には王様がいるわけでしょう。だから、日本人にはリパブリックが理解できません。アメリカは、リパブリカンとデモクラットが2種類で政権を奪い合うという国家体制を作ったわけですよね。

だから、西森さんには、アメリカのファウンディング・ファーザーズ（建国の父たち）の思想をもっと勉強してもらいたい。それは、ベンジャミン・フランクリン、ジョージ・ワシントンと、トマス・ジェファーソンの思想です。この人たちは、ずば抜けて頭がよくて、ヨーロッパからも馬鹿にされなくなった人たちです。彼らが起草したアメリカ独立宣言も何もかも、すべてジョン・ロック（John Locke）というイギリスの思想家のもので、彼の文章をそのまま引き写して作った。だから、アメリカという国が独立したときの思想は、ジョン・ロックの思想なんですよ。

このジョン・ロックの思想（Lockean《ロッキアン》）のことを、＝②ナチュラル・ライツとも言うのです。日本語に訳すと、「自然権《しぜんけん》」と言います。

それ以前のガリガリの保守の思想を①自然法（ナチュラル・ラー natural law）と言います。根本保守です。これを思想家のエドマンド・バークが書いたのでバーキアン（Burkean）と言います。革命と変革を嫌う思想です。カトリックの坊主たちも、イギリス貴族（Tory《トーリー》）たちも、大きくはこの①自然法、バーキアンです。

分かり易く言うと。ここに500万人の人々が餓死しようとしている。その人々に向かって、ああ、そうですか。それなら、死んでください。私たちは黙って見ています。という冷酷な思想です。これが自然法派です。

それに対して②自然権（ロッキアン）派は、憲法（実定法）に基づいて、その500万人を助けようとする。助けられないのに、助けようとする。

さらにここからコロラリー（派生）というか、発展したのが、③のヒューマン・ライツ（人権）派なんです。リベラル派です。この③ヒューマン・ライツ＝リベラル派の中に左翼の思想も含みます。貧乏人と労働者を国家が食べさせろ、という思想です。リベラル派はみんなこの③ヒューマン・ライツなんです。そしてさらにそれが発展して④アニマル・ライツ（動物の権利擁護派）が出てきたのね。

西森　それが私です。

ヨーロッパ政治思想の全体構図

©T.Soejima

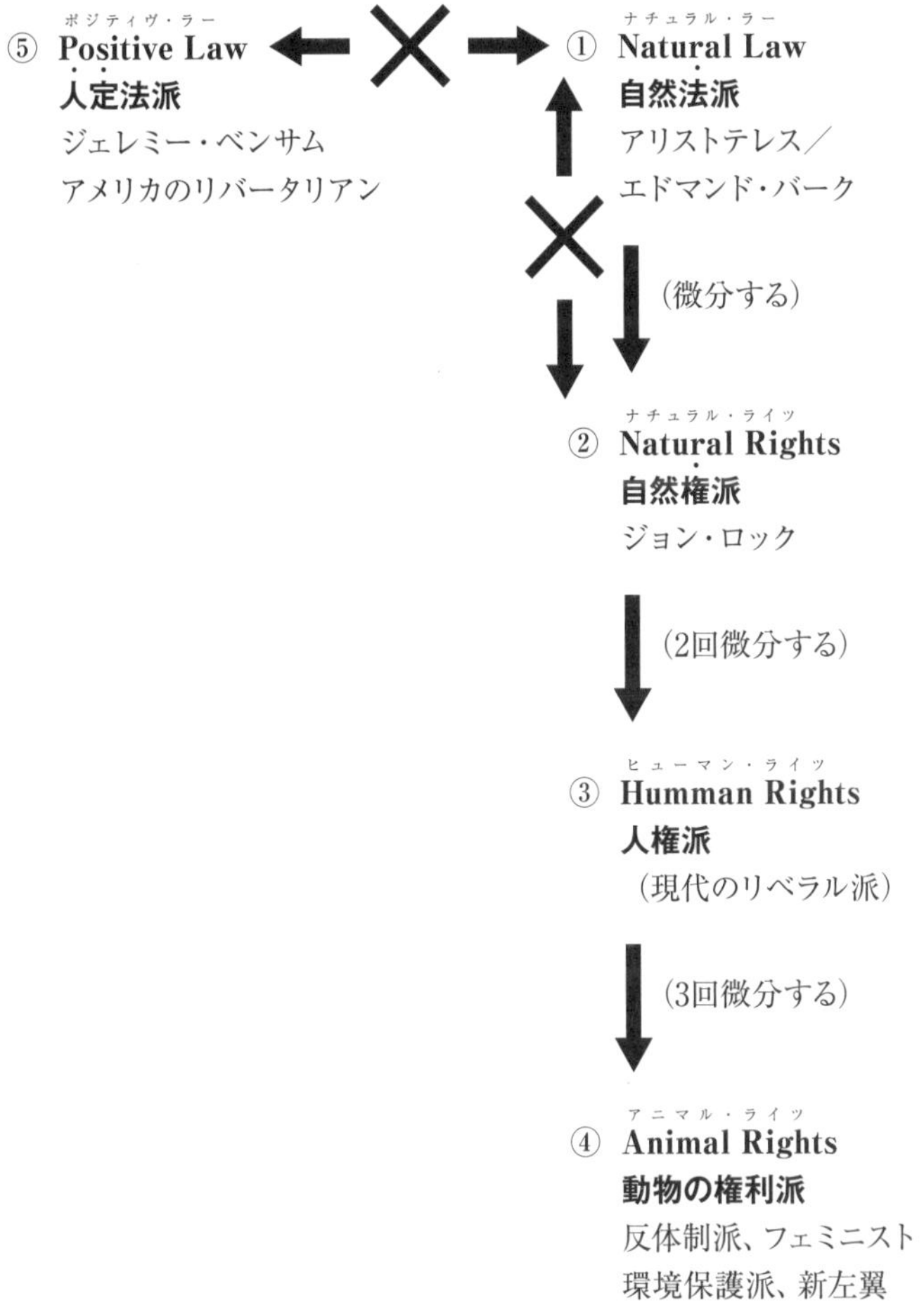

出典：副島隆彦『世界覇権国アメリカを動かす政治家と知識人たち』講談社＋α文庫

副島　そう。ところが、この④アニマル・ライツが、暴走してLGBT《エルジービーティ》まで行っちゃったのよ。しかし④は厳格には、存在できないんですよ。人間は動物を殺して食べながら生きてきた。それが人類という生き物ですからね。残酷な殺し方でもなんでもした。今もそうです。だからそれに反発してベジタリアン（菜食主義者）が現れたのだけども。

今ここまで来て、LGBTQ《キュー》まで来て、人類がおかしくなってしまった。③リベラル派の中の過激派である④新左翼《ニュー・レフト》という連中がここで困ってしまった。私、副島隆彦もこの新左翼です。ネオコンもここから生まれた。反《はん》ソビエト運動から始まった。

そうなると④のアニマル・ライツ派は、カバールとディープステイトの家来になってしまったわけですよ。それをなんとか元に戻していかなきゃいかん、と私は思っています。そうすると、元へ戻るといっても、どこへ戻るんだという問題がある。

繰り返しますが、アメリカ独立宣言の土台の思想である、②ナチュラル・ライツ（自然権）と大きく対立するのが①ナチュラル・ラー（natural law）だ。自然の法、自然界の掟《おきて》、を重視する。これは前述したとおり根本的な保守の思想です。ローマン・カソリックの坊主たちも、カーディナル（枢機卿）からアーチビショップ（大司教）たちまで、みんなこの①ナチュラル・ラーです。こいつらを甘く見てはいけません。

これは保守の思想で、革命や改革をやりません。ナチュラル・ラーがじつはディープステイト＝カバールなのです。ヨーロッパの貴族たちもみんなね。

そういう①ナチュラル・ラーと、②ナチュラル・ライツの闘いがあって、さらに、③ヒューマン・ライツ（リベラル派）との闘いがある。

そして、④アニマル・ライツ（動物の権利派。自然環境保護運動）が１９７０年代に生まれて、これに私たちの世代は大きく影響されました。ここには女性解放運動《フェミニズム》や同性愛（ゲイ）の自由を増進させる思想まで含まれる。そして奇怪なＬＧＢＴＱ《キュー》にまで異様に増進した。ここで、１９６０年代のベトナム戦争反対の世界的学生運動の中から生まれた新左翼（反体制派）である、私のような人間たちが、立ち止まって深刻に考え直さなければ済まなくなった。

ところで、その一方で、私は、⑤リバータリアンの思想を40年前から勉強しています。これはベンタマイト Benthamite と言うんです。ジェレミー・ベンサム（ベンタム）Jeremy Bentham というイギリス思想家で、とんでもなくど穢《ぎたな》いまでに恐ろしい思想です。これを⑤positive law ポジティヴ・ラー　人定法と言います。ベンサマイト（人定法派）は、「法《ほう》は人間たちが作るものであって、神《かみ》や天《ヘヴン》から降ってくるものではない」と考えます。現実のこの世界しか認めない。ベンサマイトは、きれい事（理想主義《アイデアリズム》）を言いません。徹底した現実肯定の思想です。

ベンサムは、「人権とか自然権とか自然法というものが本当にあるのなら、俺に見せてみろ」と言ったんです。「目の前に見せてみろ」と言ったんです。そんなものはないんだと。困ったことに、このベンサマイトは、ナチズムにも一部は関わって行ったんです。困ったことに、私は、この⑤ポジティヴ・ラー＝リバータリアンなんです（笑）。

自分と家族の命は自分の銃で守る、というのがリバータリアンです。だから、政府の世話にはならない、と。フェデラル・ガヴァメント（連邦政府）が嫌いです。自分たちはインディアンを撃ち殺した。それは、インディアンたちが攻めて来たからだ。しかし、それ以上はやらないんだ、と。連邦政府に助けてくれとは言わない。反福祉《はん》です。税金も払いたくない。ただし、軍隊はアメリカの中にあっていい。しかし、外国にまで軍隊を出すな、という思想です。

だから、リバータリアンは、福祉なんかやるなと言うのです。ソウシャル・ウェルフェアは要らない、と。自分たちで自分たちを助ける運動をする、と。福祉を口実とする税金に反対します。

余裕のある人が、貧乏人とかかわいそうな人の面倒を見ろ、と。政府が何でもかんでもやるという思想（③ヒューマン・ライツ派に多い）に反対するのが⑤ベンサマイト＝リバータリアンなんです。この人たちがアメリカにたくさんいる。西森さんの周りにもいます。

その一部は女性思想家のアイン・ランドというロシアから19歳で来た人たちが広めたんです。

⑤のベンサマイト（人定法派《じんていほう》）＝リバータリアンは、開拓農民の思想ですから、ローラ・インガルス・ワイルダーの *Little House on the Prairie*『大草原の小さな家』です。あの親父なんて、日雇い労働者ですよ、貧乏人です。開拓農民ですからね。どんな仕事でもする。だから、ボロ小屋に住んでいたわけです。実態としての真実のアメリカ白人たちの歴史だ。

お前は一番貧乏だから、僻地《へきち》に行け。そこまで行けば土地があるぞ、と言われて行ったら、インディアンがいるに決まっている。インディアンとの殺し合いになった。ヨーロッパからの移民の白人たちが、インディアンが住んでいた土地を徐々にドロボーして国を作ったわけだから。ただ、それでいいんだ、という思想です。だから自分の銃で自分を守って生きていくというリバータリアンの思想がアメリカで生まれた必然があるのです。

そうすると、ディープステイト＝カバールとの闘いは、この一番最後の、一番最近のところでは、⑤リバータリアン（人定法派《じんていほうは》）対《たい》①自然法 及び ④アニマル・ライツ＝ＬＧＢＴＱの戦いとなって現れています。トランプも大きくはリバータリアンです。

西森さん、まず①のナチュラル・ラー（自然法）というドギツイ保守の思想の恐ろしさを、もうちょっと分かってください。

たとえば、リーガル・ギルド（legal guild）というのがあります。法曹《ほうそう》と言って、文科系のエリートたちが有名大学の法学部に行って、裁判官、検察官（ＤＡ《ディーエイ》）、弁護士になる。この法曹《リーガル・ギルド》こそは、裏に隠れている超《ちょう》大金持ちたちとは別のカバールの集団です。ご存じだと思うけど、天才コメディアンのジョン・ベルーシの『アニマル・ハウス』（1978年）という映画がある。一流大学のフラターニティ（学生結社）での、そこでの儀式のシーンは、日本で公開されたバージョンではカットされています。フリーメイソンのスコッティッシュ・ライト系の儀式のシーンです。ジョン・ベルーシ自身も大量に麻薬を吸ったことにして殺された（33歳）。偉い人でした。

あとは例の『アイズ・ワイド・シャット』（1999年）を作ったスタンリー・キューブリック監督。アメリカの超エリートたちの実態の真実を描いた。プレッピー・スクール（私立の進学校）を出たアメリカで一番頭のいい人たちはみんな、リーガル・ギルドに入りますから、だから、アメリカの連邦最高裁長官もみんなこれに入っている。だから、絶対にカバールを裏切れないんですよ。

だからね、正義《ジャスティス》を判断する権力を彼ら裁判官《ジャッジ》たちが握っているから、闘いはそう単純ではない。さらに裏側がいろいろあってね。このリーガル・ギルドが公然と存在するアメリカのカバールですからね。これを甘く見てはいけないんです。

西森　いやいや、甘く見てはいませんけど。

副島　だから、私たちの闘いはそう簡単には勝ちません。もうはっきり申し上げます。アメリカは分裂するしかありません。そして世界覇権（ワールド・ヘジェモニー）を失ってゆく。中国に取って替わられるでしょう。

西森さんはアメリカで暮らしていて、アメリカン・リージョン（在郷《ざいごう》軍人会）の元軍人さんたちとお付き合いしている。だから、いろいろなことが分かる。その知識、情報を日本という、世界から隔離された島国にいる私たちに伝えてくださるので大変有難い。そして、あなたは今、コンバタントです。戦闘員。闘っている人。アクティヴィスト（政治活動家）だから。だから、徹底的に闘えばいいんです。ただし、簡単に勝てると思わないほうがいいですよ。

西森　そうですか。

副島　それはあなたが女性だから、ということもあります。正義が勝つ、とか簡単に言っちゃいけないんです。

西森　2024年には少なくともトランプが大統領になって帰って来ると思うんです。

副島　しません。

西森　がっかりですね。

副島　なぜなら、私は外側から冷静に見てるから。私は強固なトランプ派です。トランプ支持派で、トランプのバッジを上着の胸に今もつけています。日本にいながら。だけど、闘いはそんなに簡単なものじゃない。

■人類の歴史を貫く「帝国―属国」理論

西森　先生、ちょっと話を戻していいですか。

先生は、ヒューマン・ライツからアニマル・ライツに行って、その次にＬＧＢＴＱが来たのが自然な成り行きだと思っていらっしゃいますか。私はまったくそうだとは思わないんです。同性愛者の人権確保までは自然な進行でしたが、Ｑが来た段階で、トランスジェンダーの人たちの押しつけ教育が始まって、私の友達にもゲイの人がたくさんいますが、みんなそういう押しつけ教育には反対するんです。トランスジェンダーが来た段階で、自然の進化《エヴォリューション》ではなくて、カバールの押しつけだと私は思っています。

副島　トランスジェンダーの連中も、ゲイ、レズビアンと、undecided（アンデサイデッド）の人たちも、みんなカリフォルニア州に行けばいいんですよ。カリフォルニアでまとまって、自分たちの国、「アメリカ・ウエスト」America West を作るんじゃないですか。

それぐらいアメリカの国家分裂は進んでいて、もうアメリカ帝国《エムパイア》は崩壊するんです。なぜなら、人類の歴史は、世界覇権（支配権）がちょうど１００年ごとに移っていきますから。大英帝国の前はスペインの帝国ですからね。その前はウィーンのハプスブルクの帝国があった。そして大英帝国（ザ・ブリティッシュ・コモンウェルス）です。このイギリス覇権もちょうど、たったの100年間です。ナポレオンを1815年に打ち倒してからだ。そして100年後の1913年（FRBが作られた年。そして第1次世界大戦1914年から）にイギリスからアメリカに覇権が移ったんです。ですから百年経った2024年から中国に覇権が移るでしょう。

アメリカはイギリスと、英米同盟で仲がいいように見えるけれど、本当は仲が悪い。世界覇権《ワールド・ヘジェモニー》は中国に移るでしょう。なぜならそれが人類の法則だから。仕方がないんです。私は、この法則だけは信じています。自分の好き嫌いはあんまり言わないんですよ。

中国は、1841〜43年に阿片《あへん》戦争（オピアム・ウォー）でイギリスにひどい目に遇《あ》いました。ボロボロにされた。180年前のこの時から中国の苦難が始まった。支配階級までがみんなアヘンを吸っていたんですから。最後は、イギリスとアメリカが日本を騙して、日本軍を中国に攻め込ませた。そうやってアジア人同士を戦わせたわけですね。今のウクライナ戦争とそっくり。ウクライナ国民を集団発狂状態に陥れている。1904〜05年の日露戦争のときは、ロシアのバルチック艦隊を叩き潰すために、イギリスは日本にたくさん中古の戦艦を供与したからね。だから全部このように仕組まれていて、やらされる。

ただし、カバールの台本どおりというほど、大きなものは私はないと思います。歴史は上から誰かが書いているというようなものではないですよ。

ロシアについては、西森さん、あなたも、プーチンがカバールと戦っているからプーチンが正しいと分かる。私もプーチンを支持しています。今の中国は、一歩後ろに引きながら、アメリカとヨーロッパの自滅を待っている。

西森さんは、やっぱり西欧人だから、西欧白人に所属しています。私は東アジア人ですから。アジアが勃興して、いまから隆盛してゆくと考えます。日本は江戸時代まで中国の属国（従属国）でした。日本の将軍たちも、中国から位《くらい》をもらっていました。このことは今も秘密にして、公開しないことになっているけどね。

この「帝国―属国理論」というのは、私が30年前に作った理論です。人類の歴史はエムパイア（帝国）と周辺のトリビュータリー・ステイツ（属国、朝貢国）群の2つで出来ている。そして帝国が弱くなると、この属国たちは勝手な動きをしようとする。しかし、そこにもう1つ別の帝国が出来てくると、これがまた残酷ですから、周りを自分の方へ惹きつけていくわけね。これが人類の歴史なんですよ。アメリカはヨーロッパ白人を含めてそろそろ没落していくんですよ。

ただし、私の考えを貴女《あなた》にあんまり押しつけてはいけないから、これ以上は言いません。もうひとつ大事なのは、determinism《デターミニズム》 決定論、fatalism《フェイタリズム》 運命論という思想があって、西森さんも、決定論に従って正義が勝つと思っているわけですよ。

西森　そうですね。アメリカにいるからかもしれませんが、……

副島　それはあなたが戦闘員《コンバタント》だから。自分たちの闘いは勝つと当然に思っているわけです。ただね、日本は負けた国です。敗北主義《デフィーティズム》があるんです。前の戦争で叩き潰された国ですから。そうすると、弱い自分というか、情けない自分たちのことを死ぬほど分かっているんです。エムパイアによって支配されて、惨《みじ》めで哀《あわ》れなんだと。このことは日常ではあまり誰も言わないですけどね。日本はアメリカの属国なんです。

アメリカは独立戦争からこっち、負けたことがないから、威張っています、まだまだ。トランプ派の軍人たちが力強く頑張るのはいいけれど、考えてごらんなさい。ペンタゴンの中で、将軍《ジェネラル》たちが、お互いに銃を腰から抜いたらもう、殺し合いですよ。クリストファー・ミラーとチャド・ウルフたちが、銃を抜いたらディープステイト側の将軍たちとの殺し合いが始まります。

南北戦争（1861〜65）のときがそうだった。南軍に付く将軍《ジェネラル》たちと北軍の将軍《ジェネラル》たちがワシントンで睨《にら》み合いをやりました。同じウエストポイント（陸軍士官学校）を出ていますから、お互いのことはよく知っている。南軍に行った人たちのほうが頭がよくて、しっかりしていた。しかし、テキサスをはじめ、南軍はボロ負けに負けたでしょう。このあと南部は植民地《コロニー》のようにされ、北部から来たヤンキーたちにひどい目に遭った。この歴史を、西森さんはテキサスに住んでいるから分かるでしょう。今もヤンキーたちに支配されたという屈辱がある。だから、テキサスにはデフィーティズムがあります。それが正しいし、大人なんだ。臆病風《おくびょうかぜ》とか、人々が決断を避けて逡巡《しゅんじゅん》する態度を取る。これも闘いの中では大切なことです。だから、ものごとはそう簡単ではない。

それで、リバータリアンみたいな連中が生まれてくる。自分たちの暮らしは自分たちで守る。反《はん》福祉（ソウシャル・ウェルフェア）です。税金も払わない。アンタイ・タックス（反《はん》税金）、そしてアンタイ・ビューロークラーシー（反《はん》官僚制）ですからね。

だから、デターミニズム（決定論）で、何か大きなものに自分たちは導かれていて、自分たちが勝利すると、私もそう思いたい。私も日本国内では、アクティヴィスト（活動家）です。世の中に真実を広めていく、という任務はやるけれども、そう簡単に勝つとは思っていないんですよ。なぜなら、彼ら、ディープステイトとカバールの連中を皆殺しにするわけにはいかないでしょう。

西森　アメリカと日本の違いはキリスト教だと思います。私はイスラム教ですけど、私の周りにいる人たちはみんな普通にキリスト教信者で、本当にこれは神と悪魔との戦いだと言っています。民主党と共和党との戦いでもなければ、保守と革新なんかの戦いでもない。カバールという「悪魔崇拝者の人たち」対「神を信じる人たち」との戦いだと。キリスト教と、本物のユダヤ教を信じている人たちと、あとムスリム、これら「本の民」（Ahl al-kitāb《アハル・ル・キタープ》）と呼ばれる、一神教の信者たちと、悪魔崇拝者との戦いだと思っていて、神が勝つに決まっていると信じています。これがテキサスの軍人たちの思想なんですね。だから、私たちが負けるわけがないと思っているわけです。

副島　それがまさしく決定論（デターミニズム）です。あるいは、価値の戦争（war of value《ウォー・オブ・ヴァリュー》）です。どちらかが滅びるまで戦う、ということですね。そして西森さんも、私も、対《たい》悪魔崇拝者《ダイアボリズム》の勢力に入っちゃっているわけです。私たちは同志であり、仲間である。これは戦いだから。戦いはAかBかのどちらかに自分が加わることを要求します。中途半端《はんぱ》な態度は許されない。私たちは大前提としてAに入っている。私たちは正義の側であり、トランプ派であり、福音派《ふくいんは》（エヴァンジェリカル）の人たちの思想と一緒で、悪魔たちと戦っている。私もあなたも。それでいいと思います。人類史の大決戦なのですから。

なぜなら、超大金持ちたちの他に、先ほど言ったリーガル・ギルドの連中も儀式《ライト》をやっていますからね。あれは悪魔教の儀式です。彼らは、この世界は悪魔が支配していると思っている。そして自分たちは、悪魔に仕《つか》えるのだ、と。今のアメリカと西欧のエリート層は、この強固な信念を持っています。

欧米のエリートたちは、悪魔教の崇拝者です。だから、私たちはそれと戦っている。ただ、これをやり過ぎると、人類は絶滅戦争（ハルマゲドン）まで行く。最終的な殺し合いにまで行かざるを得ない。でも、現実の世界は妥協が必要です。妥協《コンプロマイズ》するしかない。

　そのことを、私は先日、孫崎享《まごさきうける》という元外交官で、イラン大使などを歴任した人で、英王家のデューク・オブ・ケント（ケント公爵）とお友達である人と話し合いました。そして『世界が破壊される前に日本に何ができるか』（徳間書店、2023年1月刊）という本にしました。孫崎大使は若い時から、日本外務省から派遣されてエリート教育を受けて、イギリス陸軍大学の言語情報学校で教育を受けた。日本人としては珍しく立派な人格者です。この孫崎氏が、やっぱり、現実においては妥協するしかないんだと言っていました。それを私は分かる。

　ですから、悪魔教《きょう》打倒を言い過ぎると、The《ザ》 war《ウォー》 of《オブ》 value《ヴァリュー》 価値の戦争になります。人類の最終戦争になる。それは避けなければいけない。この考えを佐藤優という、この人も日本外務省で国家スパイ教育を受けた元外交官ですが、言っている。私は佐藤氏とはもう8冊も対談本を出しています。

　だから、核戦争を避けなければいかん、という人たちが出てきています。ところが私は、昨年5月に、核戦争をやれと、プーチン、もう核を撃てと書いた人間です。人類の諸悪の根源であるヴァチカン（ローマ教会）とアングリカン・チャーチ（イギリス国教会、聖公会）と、オランダのハーグの国際司法裁判所（ＩＣＪ）と国際刑事裁判所（ＩＣＣ）に。それからニューヨークにそれぞれ1発ずつ、計4発の核を撃てとまで書いた人間です。悪魔との戦争をやるんだと、私自身は思っている。私の頭は大きく分裂しています。

2年前の2020年末の米大統領選挙であきらかに巨大な不正選挙が行われた。このことが分かったとき、私は、銃を撃てないけれど、アメリカへ行って私も戦う、トランプが戦争を始めるなら、自分も行って、戦って死ぬんだと書いた。西森さんが私に、「先生、アメリカに来ないでください。足手まといになるだけですから」という意味のことを言った。確かに、私が行っても何の役にも立たないでしょう。

私にできるとしたら、死ぬと決めて行くことだけです。銃を撃ちながら突撃して死ぬことだけはできるんです。ウクライナとロシアで2月に入って今、双方で1日800人ぐらいずつ死んでいるんです。ロシア軍の歩兵部隊（GI《ジーアイ》）が突撃をやめません。ロシア人はもう自分は死ぬんだと決めています。大祖国《だいそこく》戦争の中にいるロシア国民は、もう死ぬ気なんですよ。死ぬ気で戦う。

それでも本当に死ぬのは最前線にいる若い兵隊たちです。捨て駒にされるかわいそうな、高卒で20歳の連中がたくさん死ぬ。どんな時代の、どんな国の、どんな戦争でも。

この他に指揮官《コマンダー》がひとり、士官学校を出た少尉《しょうい》の職業軍人で、自分が小隊（プラッーン）を率いているから、責任があるから突撃して、やっぱり死ぬ。

だけど、死にたくないって、本当は誰も。これも分かってください。だから、あなたの同志で友人のテキサス州の在郷軍人会（アメリカン・リージョンズ）所属の元軍人たちは、いくら勇敢な人たちと言ったって、死にたくはないんです。古参兵《こさんへい》（ヴェテラン）は死なないんです。

だから、そう簡単に、カバール＝ディープステイトとの撃ち殺し合いがアメリカで始まるとは私は思っていません。しかし、そのうち本当に内戦《ないせん》（撃ち合い）になるでしょう。散発《さんぱつ》的で部分的にですが。南北戦争（1861〜65）の時と同じ感じです。5万人ぐらいは死ぬでしょう。ほとんどは若い人たちです。

西森　私は、殺し合いはないと思っているんです。ちゃんと裁判所を通して、正義が証明されるという道を期待しています。

副島　だからそれはダメです。さっき言ったとおり、もうそれは壊れています。もうアメリカの裁判所は壊れています。なぜなら、法律エリートのリーガル・ギルド（legal guild）が支配しているんですよ。みんな、学生時代から大学のフラタニティ fraternity（エリートたちだけの学寮《ドミトリー》）で儀式をやっているんですよ。女性もソロプチミスト soroptimist、ソロリティと呼ばれる学寮で、入寮すぐから儀式をやる。彼女たちは超エリートの男としか結婚しない。ほとんど金髪（毛を染めている）です。彼ら、彼女らはみんなカバールなんですよ。彼らに期待してはいけません。法律エリートはみんなカバール側なんです。だから、西森さん、裁判所の正義判断《ジャスティス》に期待するのは甘いと思う。そのことは、２０２０年末のトランプ動乱の時、さんざん見たでしょう。裁判所はまったく当てにならない。また大きな不正選挙をやりますよ、あいつらは。

西森　テキサス人が期待しているのは、最高裁まで行って、選挙不正や、インチキ・コロナの証拠を提出する。いくら提出しても、最高裁が私たちに有利なというか、ごく正常な判断を下してくれないという場合、その時こそ、私たちの軍隊が出て行くというイメージです。

副島　双方の撃ち合いで5万人ぐらいは死ぬと思いますよ、本当に。義勇軍《ぎゆうぐん》（志願兵）が最前線に出て行って。

西森　先生、銃を撃ったことないでしょう。私は射的の練習しかやったことがありませんが。

副島　私もそれならやったことがあります。恐ろしいですよ。バーンって、発射したときの反動で自分の体が後ろに動きますからね。

西森　私も、銃床が当たる肩の部分が、１発撃っただけで真っ青になっちゃって。

副島　なります。あれで30メートル先の目標を撃ち殺すってことはたいへんなことなんですよ。だけど、向こうからも銃弾と爆弾が飛んできますから。後方《こうほう》に退《ひ》かなければ死ぬんです。逃げなければ、死ぬことはできるんです。

　だから、戦場のヒーロー（英雄）って本当にいるんです。いるんですけど、真実のヒーローはみんな死にます。ほんのたまに生き残るやつがいるかもしれないけどね。だけど、あなたがヴェテランの軍人たちと付き合っていれば分かるとおり、戦いというのは若い頃の一生に一度ですから。そして、潔く勇敢に戦うというのは、そう簡単なことではないですよ。私は、ヒドい負け戦《いくさ》をした日本人の子孫だから、血《ち》で繋《つな》がっていて分かるんです。

西森 私たちは殺し合いの戦いなどしたくないんですよ。それは最終的な手段であって、そこに行くまでに、私たちに好意的な裁判の結果が出ないとしても、裁判所という公式な場所で証拠を提示したいと思ってやっているわけです。

副島 手続き（プロシージャー）の問題としてはそれでいいんですけどね。その正当な手続きをとっているうちに、実際は、もうどうしようもなくなっている。あそこまで巨大な不正選挙（フローデュラント・エレクション）をやられるとね。また、あいつらはやりますよ。確実にやる。どんな穢《きたな》い手でも使う。

■今あるアメリカ合衆国は崩壊するしかない

西森 でも、いま、かなりの人が目覚めてきています。選挙不正があったと思う人の割合が、2020年の段階では、ほとんどいなかったんですが、いまは6割程度の人が不正があったと思っているんです。だから、8割程度の人が目覚めれば、アメリカ人の心を摑《つか》めなくなったカバールを、少なくとも追い出すことはできると私たちは考えているんです。カバール自体を完璧に解体することはできなくても、カバールを国外に追い出してアメリカを奪還することはできるだろうというのが、私たちの思想なんです。

副島　だけど、ニューヨークやワシントンはもう無理です。取れません。あと、シカゴも無理です。取れません。彼らは、負けません。悪魔教の人たちは強いです。

西森　でもね、カバールの資金源を断てばいい。何をするにも資金は必要でしょう。その資金というのは、連邦準備制度で、その連邦準備銀行を破壊できれば、少なくともカバールに資金を調達できなくさせることができると思います。少なくとも、アメリカからはカバールを追い出すことができる。

副島　うん。そのアメリカのFED《フェッド》（連邦準備制度）、すなわちFRB《エフアールビー》（連邦準備《じゅんび》制度理事会）が潰れるときに、ドル覇権（ダラー・ヘジェモニー）が終わるんですよ。いまのドルが10分の1になりますよ。日本から見ていたらはっきり分かります。

つまり、ドルの信用（クレディビリティ）が世界中で崩壊していくんです。FRBと一緒にね、ドルが滅びるんです。ということは、アメリカが一旦《いったん》滅びるんです。

だけど、アメリカ人は死なない。みんなそのあとも生きてゆく。そして同じ考えの人たちが集まるという考え方にならざるを得ないです。

もう1回、農業に戻ろうとか。あと、テキサスは鉱物資源とエネルギー（原油とガス）がありますから。エネルギーと鉱物資源があって、農業ができれば、人々は生きていけますから。だから、国家としての The U.S.A. ジ・ユナイテッド・ステイツ・オブ・アメリカは1回制度崩壊しますよ。

西森　そのこと自体、つまり、いまの軍事的なアメリカ国家がなくなってもそれはそれで構わないと思っている人がかなり多いです。さらには、アメリカが一番でなくても構わない。単に、アメリカ国内を優先する、アメリカ・ファーストの国家体制を作ってくれれば、世界の警察《ワールド・ポリス》であることは必要ないし、アメリカが世界一であることも必要ない。このことは少なくとも私の周囲の人たちが普段から言っていることです。

だから、新しいアメリカが、カバールに代わって世界を支配しようと思っているわけではないんです。

副島　だから、もう世界支配そのものをやめなきゃいけないんです。2番手、3番手でもいい、じゃないんです。アメリカの世界支配はもうすぐ終わるんです。なくなるんです、どうせ。そして、中国は、次は自分たちが世界支配すべきか否か、で、現在、中国のエリートたちは真剣に考え込んでいます。人類（人間）という生き物の次の段階の生存の仕方について。

だが、テキサスを中心とした「アメリカ・サウス」America South という国ができればいいんですよ。そこに同じ考えの人たちが集まってくれば。そうならざるを得ない、どう考えても。

西森　その場合、アメリカだけがうまくカバールの支配から一旦逃れることができたとしても、もし、カバールが残っていれば、またアメリカに攻めてくるわけですよね。だから、軍人たちの一部の人たちは、カバールを徹底的に叩かなければ、本当の自由は訪れないと言っているんです。だから、このあたりで考えが分かれていて。

副島　だから、やっぱり今どうやって戦うのか、ということになる。アメリカで実際にどうやって戦うかの段になったとき、次の The《ザ》 second《セカンド》 civil《シヴィル》 war《ウォー》、次の内戦、すなわち、第2次南北戦争が起きるでしょう。

西森　でも、カバールに属する人々というのはアメリカ国民の0・5%ぐらいしかいないわけなんですよ。

副島　そんなに少ないかなあ。もっといますよ。20パーセントぐらい。

西森　だから、アメリカ国民全員が、世界中の人民全員が立ち上がれば、カバールを倒す、皆殺しにすることはできないまでも、息の根を止めることができるのでは。

副島　いや、それは女性の考えだ。女性は、それでいいんです。正義が勝つ、と。私の周りの女たちもまったく貴女《あなた》と同じように言います。正義が勝つ、と。でも男たちはそういうわけに行かないの。男はいつも闘っていて、デフィーティズム（敗北主義）に慣れているから。

あなたの周りの軍人さんたちも、ベトナムから始まって、中東やあっちこっちの戦場で死体をいっぱい見てきているでしょう。だからそう簡単に勝つと思っていないですよ、男たちは。

この運命論と、決定論というのが非常に大事で、それからデフィーティズム、敗北主義というのもあってね。

日本にいる私から見たら、日本がアメリカ帝国の属国《ぞっこく》から少しずつ脱出して、自分で自分のことができるようになればいい。それ以上のことは無理です。そして、今度は次は、日本は少しずつ中国の家来になっていくでしょう。これも運命です。それでも、独立国であり、sovereignty「ソヴリーンティ」国家主権はありますから。独立国である。この動きは人類の運命だ。人類は5000年前から、これをずっとやってきました。世界史《ワールド・ヒストリー》を勉強すれば、必ずそうなっています。「親分―子分の関係」というか、「帝国―属国の関係」で出来ています。これは見たくない現実です。その国の支配階級にとっては。

だけど、私はこういうことに関しては冷酷なんです。好き、嫌いとか、善、悪なんかで物を言わないんです。

もっと大きな話になると、動物の法則（自然の法則《ナチュラル・ラー》）というのがあって、前述したとおりです。カソリックの坊主たちでも、カバールの連中でも、自分たちが支配している領域《リージョン》で、領民を食べさせるだけの食料がないとか、エネルギー（電気や暖房）がない、多くの人を養うことができない、となったら、どうぞ死んでくださいと言いますよ、あの人たちは。だから、今もワクチンを作って注射して、どんどん死なせているんですよ。ワクチンで殺して、特に老人から先に死なせています。人口削減計画をビル・ゲイツがやりたいというのはよく分かります。あの人のお父さんがそうだったわけですからね。このことは西森さんの前作の『フェイク・ニューズメディアの真っ赤な嘘』（秀和システム、2022年）で明らかになりました。ビル・ゲイツのお父さんは、人口削減計画のど真ん中にいた人です。

では、それを民衆《ピーポウ》の側が、どこまで嫌うかという問題になると、私は分からないんだ。これは人類の運命の問題だ。動物の法則が支配する。だって、④のアニマル・ライツの人たちから見たら、人類は動物を殺し過ぎた。毎年、合計600億頭も鶏（トリ）、豚、牛、馬を殺して食べている。もうこれ以上、自然動物を殺すのはやめなさい、ということでしょ。だから、人口を減らしてもいいという考え方が理屈に合わないわけではないんですよ。

西森　私はまったくその通りで、私も人口は減らしたほうがいいとずっと思っていたんです。私は牛を殺すことに絶対反対なので。牛、かわいいですよね。それに羊もとってもかわいいので。そういうものを殺して食べる人間は少ないほうがいいと、ずっと私は思っていたんです。

でも、ビル・ゲイツたちが言っているのは、世界の資源が少なくなってしまって、人間のほうが多くなっているからということで、考え方の前提《プレミス》が間違っていると思うんです。

だって、アフリカは、たくさん資源がある。アメリカだって人が集中しているところは確かに多いですけど、そうではない草原とかもいっぱいある。まだまだ人が増えても賄《まかな》える状態にあると思うんです。

だから、子どもを2人ずつ生んでいけば、人口は同じ数を保てますよね。だから、同じ数を保っていければいいわけであって、特に人間を殺す必要はないと思います。

副島　私もそれに同感です。アフリカもそうだけど、いまのアメリカでも、不法（違法）移民、illegal《イリーガル》 arrivals《アライヴァルズ》が中南米からたくさん来て、今、あなたがそれを警戒する運動に参加なさっている。ヒスパニックの人たちは、まだまだ豊かな北アメリカに移り住みたいわけですよね。アメリカ合衆国はそれを受け入れるだけの余地がある。アメリカはまだ300万人、500万人の移民を受け入れることができる。

■「老兵は死なず」の本当の意味

西森　副島先生は、かなり悲観的、現実的な見方なんですね。私のいるテキサスの人たちは、すっごく楽観的というわけではないんですけど、ポジティヴ・スィンキングです。
だから、自分で戦場に行く人たちというのは、勝つと思わなきゃ行かないですよね。

副島　そうです、行きません。

西森　負けると思って戦争に行く人はいないわけで、私の周りにいる人たちはみな、どんなに遅くとも2024年には、絶対にトランプ大統領が帰って来る。そして、最高裁でカバールの不正を明らかにし、アメリカの国民の多くが目覚めれば、少なくともアメリカからカバールを追い出して、そのあとに、他の国の人たちも目覚めさせて、中央銀行（FRB）を完璧に潰すことで、カバールの資金源を断つ。そこを契機にして本格的なカバール潰しを始めるという考えです。

それで、とても大切なことが起きています。今度、下院で共和党が多数党になったので、IRS《アイアールエス》（米国税庁）を廃止する、という法案を出そうとしているんです。IRSが廃止されれば、連邦銀行《FRB》を廃止することもできる。ここを皮切りになんとかしてみせる、と、とてもポジティヴ思考で私たちは考えているんですけど、私たちは間違っていますか。

副島　間違っているのではなくて、正しいです。そうなればいいですけど。私は外側から見ていますから、アメリカの闘いを外側から見ているのと、内側から見るのでは見え方が違うんですよ。内側の人は一所懸命がんばるしかない。

西森　そうなんですよ。

副島　外側は冷めています、もっと。

私は15、16歳ぐらいから政治活動家（ポリティカル・アクティヴィスト）です。新《しん》左翼（ニュー・レフトウィング）のアクティヴィストでした。ずっと戦ってきました。しかし、そんなに甘くないんだ。戦いというのは、簡単に勝利することはないと知っています。とくに理想主義《アイデアリズム》の戦いには、勝利はほとんど有りません。そして本当に戦争になったら、前述したとおり、戦争で死ぬのは、二十歳ぐらいの、新兵の、戦争経験がない人たちが最前線で死ぬんです、必ず。

ベテランは死なないんです。それをマッカーサーは言ったんです。「老兵《オウルド・ソウルジャーズ》は死なないんだ。ただ消え去るのみ」〝Old soldiers never die, they just fade away《フェイド アウェイ》.〟と。

西森　えっ？　それ、そういう意味だったんですか。

副島　そうですよ。「突撃！」と言われて、突撃するやつは死ぬんです。新兵と小隊長（少尉《しょうい》）は。ベテランは死にません。ベテランたちはその時、地面にバッと伏せるんです。だから弾《たま》が当たらない。本当の戦場の軍人は20代で死んでいます。これ言っちゃいけないけどね、西森さん。本当のことを言いますよ。長生きして50歳、60歳になった者たちが、死ぬ気で戦うわけがない。

西森　私の周りの人たちは戦うつもりでいますよ。

副島　だからね、私はそんなの信じない。私は信じません。旧日本軍でズルいのは全部生き延びています。

アメリカは徐々に没落していくだけであってね。私はトランプを熱烈に応援していますけどね。彼は民衆《ピーポウ》をこれまで一度も裏切らなかった。だから偉い人なのだ。だけど、トランプの顔に書いてあるもの。自分がもう一回大統領になれるとは思っていないって。どうせ、あいつら（ディープステイトとカバール）は、また大きな不正選挙《ヴォウター・フロード》をやります。これは、彼にもどうしようもないことなんですよ。

あいつらカバールは、どんな卑劣なことでも平気でします。あらゆる政治謀略をやります。それに対して、私たちが、正義（感）による戦いを挑んでも、なかなか勝てません。西森さん、このことを何とか分かってください。

■国家を甘く見てはいけない

西森　先生、金融のことについてお伺いしたいんですけど。

アメリカでは、ビット・コインの宣伝をたくさんやっていまして、今回バイナンス BINANCE という大手仮想通貨取引所が、ウクライナのブロックチェーンと提携を結びました。いま、仮想通貨《クリプト・カレンシー》は中国が完璧に優位になってしまいました。本当に、暗号資産も、紙幣のほうも、中国とBRICSが主流になっていくでしょうか。

副島　そうなるでしょう。なります。ビットコインをはじめ、今あるクリプト・カレンシーはすべて潰れてなくなります。破産します。ただ、ブロックチェーンの技術だけは残るでしょう。それが次の世界通貨《ワールド・カレンシー》に使われる。今ある、国家（政府）を無視して勝手にやっているクリプト・カレンシーたちは、消えます。そこにお金が貯まっていることになっていますけどね。

最初に、中国がビットコインを国外追放しました（2021年9月）。鉱山主《マイナー》たちはほとんどアメリカに逃げました。でももう信用がない。国家というものを甘く見てはいけません。国家というのは消えません。このあとも5大国ぐらいの大国が、世界政治を決めてゆくのです。国民国家《ネイション・ステイト》はなかなか消滅しません。国家の通貨発行権は強力です。そしてワン・ワールドというものが出来てはいけない、と、私も西森さんも思っているとおりでね、ワン・ワールド（世界統一政府）になっちゃいけないんですよ。国家というものは恐ろしいものであってね、理想的な夢みたいな国なんてどこにもないんですよ。どこの国も血だらけの歴史を抱えている。

だから、私は、国家権力を握っている人間たちには近寄らないんです。そこに入っていかないんです。革命が勝利したからといって、その革命政権に入って行ったら、そこもまた新しい地獄です。5年後には革命家《レヴォルーショナリーズ》はみんな死んでいますよ、夢やぶれて。人類の歴史はいつもそうでしたから。勝利したとたんに敗北が始まるんですよ。その恐ろしさが、人類の歴史にある。何かに反対し続けて、戦い続けていることは大事だ。けれども、あんまり勝たないほうがいいんですよ。正義の勢力が勝つと、国民の生活が成り立たなくなって、大変なことになる。政治そのものが悪であり、悪《あく》の所業《しょぎょう》です。ですから、庶民大衆《ピープル》というのは、いつも控え目なんです。活動家ではないですからね。

あなたも私も活動家ですから。それで立派に死ねればいいけどね、死ねないで生き残って、長生きしちゃって、どうしようかなっていう話になる。

だから、私にはもう理想主義《アイデアリズム》はない。現実の戦いを続けるだけです。勝つぞ、勝つぞっていったって勝てない。負けないように、負けないように戦い続けるだけです。スポーツやっている人はみんな知っていますよ。試合は勝ったり負けたりなんで。勝ち続けるということはできない。

だから、西森さんに頑張ってもらって、いまアメリカがどういう動きをしているのか。その情報と知識をいただくのが私たち日本人はありがたい。2024年でトランプが勝利して、もう1回アメリカが素晴らしい国になるというのは、まあきれい事だね。現実はそんなに甘くないですよ。

西森　私はオクラホマ州にもときどき軍人たちの集会があって行きます。ですが、基本的には私はテキサスにいる人たちのことしか知りません。テキサスの草の根レベルの人たちは、トランプが大統領に戻ってきたあとに、最終的には、議員の任期を2期だけにして、さらに議員になったらお金が儲かるという制度をなくす。だから、本当に議員というのは1つの区の代表である。そういう社会を作りたいと思っているんですね。

副島　それがリバータリアンですよ。リバータリアニズムはそういう思想です。私は30年前から日本にリバータリアニズムを伝えて、広めた人間です。私は、この反《はん》国家、反官僚制《はんビューロークラシー》、反《はん》税金、反《はん》過剰福祉の日本リバータリアンです。だが、この制度思想はきれい事なんです。

西森　成り立たないと思いますか。

副島　成り立たない。なかなか難《むずか》しい。

西森　みんなそれを目指してがんばっているんですけど。そのための手段の一つとして、議員を選ぶ際に、共和党、民主党という枠で選ぶのではなく、議員が推す政策で選ぶ。つまり、カリスマ性がある人間に投票する、共和党、あるいは民主党の人間に投票するのではなくて、政策自体に投票する。そういう制度に切り替えるための運動をしています。アメリカでは州レベルで、州民が発した法案に州民が直接投票する制度があります。これをもっと広げた政治制度にする。この考えを支持している人も多い。主導権を国家、政府から国民に戻して、金儲けのために議員になる人を排除することを目指しています。退役軍人と教会のネットワークを使って草の根運動をしています。

副島　西森さんは、もっとリバータリアニズムを体系（全体像）として勉強し、体得してください。これからペンシルヴェニア州と、サウスカロライナ州と、ジョージア州を最前線とする戦いになる。

西森　そうですね。

副島　戦いの中には敵のスパイがたくさん潜《もぐ》り込んでくるんです。潜入分子、インフィルトレイターズ（infiltrators）がものすごいんですよ。統一教会 Moonies《ムーニーズ》は、反共《はんきょう》右翼思想で世界中で、この加入《かにゅう》戦術で、政府（政権党）までも乗っ取っている。ポーランドやリトアニアや、スウェーデン、フィンランド、パラグアイ、カナダなど、大統領、首相、外相までがムーニーです。日本の安倍晋三がまさにそうでした。この者たちはものすごく危険なのです。世界人類にとって。

あなたはこのことを『ディープ・ステイトの真実』（秀和システム、2020年）以降の本で、ずっとお書きになっている。このインフィルトレイター、mole《モウル》（もぐら）たちの恐ろしさを、まさにお書きになっている。これが政治のリアリズムなんです。西森さんが、ああいう悪魔のような連中の存在を教えてくれたから、私たち日本人がアメリカの内情を知ったわけです。あなたの本から。それが素晴らしいのであって、勝つぞ、勝つぞと言ったって、なかなか勝てないんですよ。
西森　勝てないんですか〜。がっかりです。
副島　なぜなら、敵どもは悪質で強いからね。何でもしますからね。悪そのものですから。
西森　私たちがいま草の根レベルで考えている、先ほど言った、代議員（政治家）の任期を2期だけにして、代議員を選ぶのではなくて、法案を選ぶ、法案に投票するという方式。それぞれの州民が州民投票で直接決める制度の国家版みたいな形の政府にするという考えも、成り立たないでしょうか。
副島　小さな国でなら成り立ちます。その理想主義《アイデアリズム》は。しかし、いまの大きなアメリカでは無理ですよ。なぜなら、ワシントンやニューヨークやシカゴのカバール（超《ちょう》支配層）の連中は絶対に、そんな体制変更を認めません。自分たちが今、握っている本当の、裏の権力《パウア》をなくしてしまうから。
西森　すると、私は理想主義者になってしまったということですか。テキサスにいるから。
副島　そうです。理想主義です。戦いの厳しいところにいると、そう簡単にものを言えなくなると思いますよ。
　反共《はんきょう》（産主義）の防波堤《ぼうはてい》（bulwark《ブルワーク》 against《アゲインスト》 Communism《コミュニズム》）の国（ポーランド、ウクライナと同じ）である日本で私がいくら戦い続けてもね、そう思うようにはならないですよ。私ももう今年で70歳ですから。きれい事で夢みたいなことを言わないんですよ、あんまり。

ただ、優れた国民（読書人層）に真実の情報と知識だけはたくさん供給しなければいけない。日本にも100万人ぐらいはいます。Q《キュー》アノンと同じように爆弾投下《インテル・ドロップ》しなければいけないんです。そのために、西森さんに、今アメリカはこうなっている、このように各勢力が動いている、と考えている、と教えてもらいたいのです。

■本当に「台本」があるのか

西森　私がカバールの台本に沿って、いろいろなことが行われている。そして、2020年以降は、トランプ側の台本に沿って、いろんなことが行われているという、その「台本《シナリオ》」というのは、台本に沿って行われている（起きている）ことが芝居というわけではなくて、例えば、川があって、そこに橋が3つあるとしますね。A橋、B橋、C橋と。そのとき、A橋とB橋を破壊すれば、C橋を通るしかないですよね。だから、そういう形で台本を作って、人々がC橋を通らざるを得なくしているという意味で、私は台本と言っているのです。だから、台本にそって人々が芝居をしているという意味ではなくて。

チェスを例にとると、その駒をそこへ動かせば、相手が次に何をしようとしているか、その意図が見えます。そういう意味であって、本当に台本に沿って、セリフを言っているというわけではありません。道を制限して、一本の道しか通れないようにしている、と、そういう意味で言っているんですけど。

副島　うーん。トランプ派の前衛《ヴァンガード》であるリン・ウッド弁護士やマイケル・フリン中将がそのように言っていますね。ディープステイト側の動きも、実はトランプ派の将軍《ジェネラル》たちが、起こさせている台本《シナリオ》に従っているのだ、と。この計画はうまく行っている、と。だからディープステイト＝カバールはやがて自滅する、と。

うーん。でもですねえ……。西森さん、貴女《あなた》が書いているとおり、マイケル・ロジャーズ、NSA（国家安全保障局）長官だった人が、告発を始めてQアノンの運動を始めて、立派なアメリカ軍人たちが闘っている、というのは真実だと私も思います。真実なんですけれども、この将軍たちがペンタゴンの中で勝利するかといったら、そううまく行かないでしょう。

その台本という考えですが、カバールの側に本当に台本があるかどうか、分からないです。もっと大きな人類の歴史としか言いようがない。トランプ側がさらに優れていて、わざと相手をトラップにかける「おとり作戦」（sting; red herring）をやっているんだ、といくら言ってもねえ。私はそんなのはないと思う。それはトランプ勢力の先頭にいる人たちが自己を鼓《こ》舞《ぶ》し、奮《ふる》い立たせる、war cry、鬨《とき》の声、陣太鼓《じんだいこ》だと思う。

現実にはトランプ派は負けています。それを、そのトランプ派が仕掛けたおとり作戦で全部ひっくり返して、やがて勝つんだと言っても、戦いというのはそんな風にはならない。やっぱり、いっぱいインフィルトレイターたち、モウル（mole）たちが潜り込んで来ていますからね。このモウルたちの動きが恐ろしいんですよ。これを抜きにして血だらけ泥だらけの戦いというのは成り立たない。

だから、私にとっては、デフィーティズムというのが大事でね。敗北を経験している人間が、たとえ臆病風《かぜ》と言われようとも。自分の勢力が生き延びるために、民衆とともに生き延びるにはどうしたらいいかで、必死になります。大勝利なんか求めないことです。常にグッと腰を落として持久戦《じきゅうせん》に耐える、ということです。このように私は思っているんです。

西森　では、次の世界というのは、いまのアメリカに中国がとって替わるという世界になるんですか。

副島　そうでしょう、おそらく。

西森　やっぱりそうなんだ。

副島　このことを欧米白人は嫌うけどね。昨年の12月7日に、習近平がサウジアラビアのリヤドまで行って、サルマン国王と話し合って、もう中東諸国まで中国中心でいいよって言い出している。次の段階はもうペトロ人民元です。オイルダラー（米ドル）の時代は終わりました。

バーレーン、オマーンまで入れている。UAEも。

それで、今おかしなことは、イスラエルがディープステイトと戦っているでしょ。イスラエル人たち（人口940万人。うちユダヤ人700万人。あとはアラブ系やキリスト教徒）は愛国者ですから。国際ユダヤ人というか、カバール、カザール（ハザール）・マフィアのハシディズムではない。いまのイスラエル・ユダヤ人の多数派は愛国者ですから。それでも、イスラエル軍人たちは5回も6回もワクチンを打たれているんでしょう。彼らも怒っていますよ。

だから、本物のユダヤ人たちはカバールと戦うというのは本当です。ただし、イスラエルの支配層はアシュケナージ（シオニスト）ですから、やっぱりカバールなんですけどね。

西森　最後にひとつ、伺いたいんですが、シベル・エドモンズが、NATOから離れようとしているエルドアン（トルコ大統領）を、CIAが暗殺すると言っているんですね。シベル・エドモンズが言っていることはたいてい当たるんですよ。

副島　大きく人類5000年の歴史で見たら、オスマン・トルコ帝国は800年も続いていたんですよ。ものすごく強かった。オスマン帝国です。中東世界の全域を600年間ぐらいは全部支配した。ウィーンを2回包囲して、ハンガリーやバルカン半島（東スラヴ人地帯）まで占領した。ウィーンが、神聖《ホウリー》ローマ帝国《エムパイア》の首都です。ウィーンがヨーロッパの唯一の帝都だったのです。オスマン帝国は、ロシアともクリミア戦争や露土《ろと》戦争で戦った。エルドアンはそのオスマン帝国の歴史を後ろに持っている人ですから、簡単には負けません。トルコ人はそのあと貧乏になったけれど、いまは新興大国でどんどん伸びています（最近、2月6日、大地震がありました。4万人が死んだ）。だから、今のトルコはロシアを一部助けながら、他方でNATOのカバール側にも付く。このトルコの生き方は、私は賢いと思う。とにかく、トルコ帝国をあんまり甘く見ないほうがいい。

西森　エルドアンは大丈夫ですか。

副島　大丈夫、大丈夫。エルドアンはものすごく強い。しかし、エルドアンの娘婿《むこ》が作ったのがバイラクタルTB2《ティービーツー》というドローンなんでしょ。あれがロシアの戦車隊を1000台ぐらい破壊した。緒戦《しょせん》（昨年2月24日の戦争開始）でのウクライナ軍の大勝利でした。プーチンの顔は引きつっていた。だから、エルドアンも裏側で何をしているか分からないですよ。悪いこともいっぱいしています。当たり前ですよ。権力を握っている人間は悪《あく》でなきゃいけないんです。一部分はね。

プーチンだって、これまでに直接、何人も人を殺していると思う。プーチン自身でね。本当に。だから、強いんですよ。だから、真の指導者は悪も自分の内側に持っていなければいけない、と私は思っています。日本語で清濁併《せいだくあわ》せ呑《の》む、と言います。そうでないと巨大な悪と勝負して勝てない。それが悪魔崇拝にまで行っちゃったら終わりだけど。

西森　先生、私はフランス語とアラビア語を使って、あと、ほんのちょっとロシア語が分かる程度なんですけど、副島先生は、英語とドイツ語とフランス語だけで、スペイン語はお得意じゃないんですよね。

副島　ヨーロッパ語なんか全然できません。英語だけです。日常生活語の英語はきらいです。英語は混ざりまくった穢《きたな》い言語です。英語で自分の思想をきちんとしゃべって相手に伝えることは日本人には不可能に近い。戦前はドイツ語でほぼ対等にやり合えた日本人知識人たちがいたのですが。私たちの共通の友人であるこの本の編集者はドイツ語をサラサラと話して書けます。日本人では稀有《けう》に近い。

西森　私たち2人の間では、南米の情報が欠落していると思いませんか。

副島　それはもう仕方《しかた》がないですよ。南米は世界の中心になりませんから。アフリカも東南アジアもそうです。世界の火薬庫《アーセナル》は、極東《ファー・イースト》と欧州《ヨーロッパ》です。

南米といえば、パラグアイという国は大統領以下、ムーニーになっているんですよ。

西森　えー、そうだったんですか。

副島　そうです。ナチスドイツの将校だった者たちがゲーレン機関を作った。CIAが育てた。日本の笹川《ささがわ》財団や統一教会と同じです。ナチスの残党たちがカトリックの強固な反共《はんきょう》神父たちの手引きで脱出ルートを使って大量に南米諸国に逃げた。パラグアイにも入っていったからです。ナチスの残党が統一教会《ムーニー》になって、ものすごく強いんですよ、いまも。

だから、南米諸国の政治はナチスの残党たちのことを中心に考えなければいけないんです。

しかし、それ以上のことは私は分からないです。

世界で戦争が起こるのは、やっぱり極東かヨーロッパです。核戦争もそこでやるんですよ。

いまはウクライナ戦争でヨーロッパ全体が戦場になっています。アメリカ軍のたくさんの軍事衛星が果たしている役割が一番大きい。ウクライナ軍は、この米軍の偵察《スパイ》軍事衛星からの精密な情報（画像と通信傍受）をもらって動いているから強いのです。

私は、核戦争はいまのところは起きないと思っていますけど、分かりません。

すでに自分の数冊の本に書きましたが、CFR《シーエフアール》（外交問題評議会。アメリカのすべての大企業の集まり。日本なら経団連《けいだんれん》）の議長のリチャード・ハース（71歳。この人の先生はキッシンジャーです）と、その愛《まな》弟子でハーヴァード大学ケネディ行政学大学院教授のメーガン・オサリヴァン女史（53歳）が、日本の安倍晋三を処分せよを実行しました。キッシンジャーが命じた。この決断はアメリカの支配階級、カバールの総意なんです。

なぜ安倍晋三は殺されたかと言うと、安倍晋三がまだ首相のとき、3年前から核兵器を実際に作り始めたからです。日本は原発から出てくるプルトニウム（イエロー・ケーキという）を60トンも持っています。デリバリー・システムである三菱重工の宇宙ロケットにこれをくっつければ、日本は核兵器を持てます。安倍はこれを始めたんですよ。だから、殺されたのです。ボヘミアン・グローブとか、トライラテラル・コミッション（米欧日三極《さんきょく》委員会）の決議で殺された。メーガン・オサリヴァンが三極委員会の北米議長です。と、日本で書いているのは私だけです。ベンジャミン・フルフォードさんがこのことを私から聞いて、彼が持っている英語の会員制メルマガで世界に発信したら、リチャード・ハース（元《もと》国務省政策立案局《ポリシー・プランニング・エイジェンシー》の局長《ディレクター》）というCFRの議長を19年間もやっていた人が、急に議長を辞めました。

　私が英語で自由に書けないから、私はこういうことを書いても危ない目に遭わずにすんでいます。日本国内でしか通用しない。それでも世界規模《きぼ》の重要情報です。

西森　でも、先生は天皇のことを書いちゃったから危なくないですか。

副島　いや、ちっとも危なくない。私は天皇家を守る立場に立っています。今の日本の天皇家（皇室）は、反戦平和をずっと信念にして、本当に偉いのです。あの見苦しい、国民から嫌われているヨーロッパ諸国の王家とは全然違います。私はやがて天皇から文化勲章をもらおうと思っています。日本はいま真実であれば許すという国になっています、逆に。日本にはヘンな形で言論の自由（フリーダム・オブ・エクスプレッション）が許されている。放ったらかし、と言いますか。おもしろい現象です。いまの日本は少しずつアメリカから離れつつある。揺れ動く国民の気持ちの問題で。ただ、アメリカの言うことを聞かないと日本は危ないとも、みんな思っています。

でもね、危ないか危なくないか、私が決めることではないから。

安倍が死んだとき、殺されてよかった、よかった、と私は書きました。こういう当たり前のことも、日本国内言論では許されるんです。アメリカだったら、確実に殺されますね。本当に。本当に殺されます。誰かすぐ殺しに来るでしょう。でも今の日本は大丈夫なんです。日本の民衆《ピーポウ》が私を守ってくれている。日本という国にはこの良さがある。

西森　先ほど先生が、文鮮明の、ムーニーズ（統一教会）のお話をしたときに、これはイデオロギーだとおっしゃったんですけど、ムーニーズ側に付いている人たちっていうのは、宗教的なことではなくて、つまり単にクリスチャンということではなくて、イデオロギーで付いているってことですね。

副島　クリスチャン（キリスト教徒）と言っても、気色の悪い、見るからに気持ちの悪いキリスト教徒だ。統一教会はキリスト教のクレチン病 cretin で、朝鮮で土俗化して奇形化したキリスト教です。本来、ローマ・カトリック教会はこのクレチニズム cretinism をもの凄く嫌って廃絶するはずなのに、韓国のそれを、自分たちが裏から作った。そして対中国、ロシアの反共の突撃隊に仕立て上げました。

統一教会はイデオロギーなんだけれども、極めて狂気に近い人たちで、彼ら自身は、本気で悪魔崇拝（サタニズム、ダイアボリズム）の思想で生きている。「サタンに自分たちが処罰されないようにしなければいけない」と言う。そういう思想ですよ、彼らの思想は。やっぱり悪魔教ですね。悪魔に自分たちは処罰されちゃいけないんだと。それが彼らの信念です。

では、その悪魔って何だと言ったら、コミュニズム（共産主義）だということになる。西森さんもコミュニズムが大嫌いだろうけれど、私は少年時代からカール・マルクスの思想で育った新左翼の日本知識人です。カール・マルクスの思想もきれい事を言い過ぎた。貧しい人たち、労働者を助けよう助けようと言ったって、助けられなかった。それはあらゆる宗教運動も一緒です。イスラム教でもそうですよ。民衆を助けると言ったって、現実の世界ではそんなに助けられない。理想の社会は出来ません。このままズルズルと少しずつ社会改良してゆくだけです。労働者階級《ワーキング・クラス》だけを讃美するのは間違いです。愚か者で、才能がないから労働者（会社員）をやっているわけで。だから、このことでも思想的に正直だったニーチェのほうが偉い。ソビエト（ロシア）も中国も労働者《ワーカー》を神聖視したから。革命のあと、ヒドいことになって、何千万人も餓死者を出した。ロシアも中国も、この地獄の苦しみの中から、自己反省して、這《は》い上がってきた。ロシア人も中国人も、この血みどろの地獄の底から、つい40年前に立ち直って来た。だから私は応援しているのです。私のこの考え（思想《イデア》、イデオロギー）はなかなか理解してもらえませんが、これが私の40年間の信念です。

ものごとは実現できる範囲というのがあって、程度というものがある。その意味で、私はもう70歳のじいさんだから、きれい事はもう言わないんですよ。アメリカのリバータリアンはきれい事を言わないんです。理想主義を言いません。貧しい開拓農民の思想ですから。

だから、口ごもって何も言わない人たちがあなたの周りにたくさんいます。それがリバータリアンです。本当のアメリカ民衆です。銃を持っています。だけど、あまりワシントンやニューヨークのユダヤ人たち、ヤンキーたちを叩きのめしてやるとは言わないですよ。そこが民衆というものなの。

私はいつも民衆（ホイ・ポロイ hoi polloi）とともに生きていようと思っている。だから生き延びれるんですよ。左翼思想なんだけど、穏やかな左翼思想であって、いまはもう私は過激主義にはならないんです。

私はアメリカのリバータリアンの連中と付き合いがあって、トランプは大きな意味ではリバータリアンなんですよ。

ジョージア州選出のQアノンのマージョリー・テイラー＝グリーンたちもリバータリアンなんですよ。だから、あんまりきれい事を言わない。彼女はこのあいだの下院議長選でケヴィン・マッカーシーを支持しましたからね。私はそれでいいと思っている。

トランプに一番反対した共和党内《ない》のやつらは、コーク兄弟 Koch brothers からお金をもらっている連中です。フリーダム・コーカスと言います。コーク・インダストリーはネブラスカ州のウィチタの大企業です。外国進出を嫌う。裏側はジョン・バーチ・ソサイエティの思想なんです。ジョン・バーチ協会こそは、あなたもこの本に書いてありましたが、正しいんですけどね。このジョン・バーチという従軍宣教師（チャプレン）は、初めて金日成の裏側の秘密を書いて、北朝鮮で殺された人です。「どうも操られているのは金日成たちだけでない。自分たちアメリカ人も、操っているのはヨーロッパとアメリカの頂点の支配階級なんだ」と書いて、殺されちゃった。だから、正しいんです。この思想がリバータリアニズムの中にも入り込んできた。このジョン・バーチの思想は正しいんだけど、歪《ゆが》んでもいるんです。やっぱり。この歪むという問題を、私自身も抱えていますが、おかしくなるんでね、そこを常に矯正（correction）し直しながら、穏やかに生きて行かないとダメなんです。

だから、情報・知識を蓄えるのはいいんだけど、その土台となるイデア・ロゴス、イデオロギーで、私たちは穏やかでなければいけない。私はいつもこのように思っています。あと、救済できないのに、無理やり人々や動物を救済するとか、助けるとか言ってはいけないんです。やっぱり、助けられないものは助けられないんだと。この点で、前のほうで説明した根本保守である①ナチュラル・ラー　自然法（自然の掟《おきて》）派は強いのですよ。これをバーキアン

（Burkean エドマンド・バーク主義）とも言います。遡《さかのぼ》ると古代ギリシアのアリストテレスの現実主義です。アリストテレスは、自分の先生だったプラトン（プラトニズム、イデア主義。理想主義《アイデアリズム》）とはまったく違うのです。

西森さん、お願いですが、私が大きく説明した、①〜⑤の5つの人類の大政治思想（と流派）を急いで勉強してください。あなたの周囲の、ちょっと頭のいいアメリカ白人の政治活動家はみんな、このことを知っていますよ。真剣に彼らから聞き出してください。

そして、私たちには敵もたくさんいますからね。敵との戦いでは味方もたくさん死ぬんだ。敵も死ぬけど、味方も死ぬんだ、と。

私も悪魔たちとの戦いと考えています。しかし、そう簡単には勝てないよなあという、ここのところで、現実は進んで行って、あなたも私もやがて死ぬんですよ。そして人間の世界はこのまま続いていくんです。

西森　で、どこかに大きなステージがあって、大きな台本《シナリオ》があって、という、『スターウォーズ』の映画のようなわけにはいかないですよ。あの映画もずるずるといつまでもやっていますね。先生のいまの言葉を完璧に無視して、2024年に、トランプが帰ってくるっていうことを信じて、これからも戦い続けるしか、私たちにはないんです。

副島　いいんですよ、それで。私もそれを希望、期待しています。だけど、ね。うーん、ここまで、ということにいたしましょう。

西森　私は不法移民に対しても最前線で戦っているので、どこかに終わりがあると信じない限り、戦えないんですね。

副島　そうです。分かりますよ。

西森　だから、2024年にトランプが帰ってくると絶対に信じて、先生が間違っていると証明するつもりです（笑）。

副島　はい、わかりました（笑）。吉報を待っています。

（終）

装丁・泉沢光雄
帯写真（副島隆彦）・赤城耕一

■監修者プロフィール

副島隆彦（そえじま たかひこ）

評論家。副島国家戦略研究所（SNSI）主宰。1953年、福岡県生まれ。早稲田大学法学部卒業。外資系銀行員、予備校講師、常葉学園大学教授等を歴任。主著に『世界覇権国アメリカを動かす政治家と知識人たち』（講談社＋α文庫）、『決定版 属国 日本論』（PHP研究所）、近著に『習近平独裁は欧米白人(カバール)を本気で打ち倒す』（ビジネス社）、『金融暴落は続く。今こそ金を買いなさい』（祥伝社）、『愛子天皇待望論』（弓立社）、『プーチンを罠に嵌め、策略に陥れた英米ディープステイトはウクライナ戦争を第3次世界大戦にする』（秀和システム）他多数。

■著者プロフィール

西森マリー（にしもり まりー）

ジャーナリスト。エジプトのカイロ大学で比較心理学を専攻。イスラム教徒。1989年から1994年までNHK教育テレビ「英会話」講師。NHK海外向け英語放送のDJ、テレビ朝日系「CNNモーニング」のキャスターなどを歴任。1994年から4年間、ヨーロッパで動物権運動の取材。1998年、拠点をアメリカのテキサスに移し、ジャーナリストとして活躍している。著書に『ディープ・ステイトの真実』『世界人類の99.99％を支配するカバールの正体』『カバールの民衆「洗脳」装置としてのハリウッド映画の正体』『カバールの捏造情報拡散機関フェイク・ニューズメディアの真っ赤な嘘』（以上、秀和システム）他多数。

カバール解体大作戦《かいたいだいさくせん》

世界人類《せかいじんるい》の99.99%《パーセント》がまもなく覚醒《かくせい》！

発行日　2023年　3月31日　第1版第1刷
　　　　2023年　4月20日　第1版第2刷

著　者　西森《にしもり》　マリー
監修者　副島《そえじま》　隆彦《たかひこ》

発行者　斉藤　和邦
発行所　株式会社　秀和システム
〒135-0016
東京都江東区東陽2-4-2　新宮ビル2F
Tel 03-6264-3105（販売）Fax 03-6264-3094
印刷所　日経印刷株式会社　Printed in Japan

ISBN978-4-7980-6954-8 C0031